FOOL AND HIS MONEY

THE ODYSSEY OF AN AVERAGE INVESTOR

散戶流浪記

一個門外漢的理財學習之旅

約翰・羅斯柴爾德 JOHN ROTHCHILD——著

黃佳瑜——譯

目次

I 寫在出發前

這本書，是一趟在金融市場旅遊的紀錄。

我是為了所有自認對金融與理財一竅不通，手頭上有一點錢、卻不知道怎麼投資的人，而踏上這段旅途的。你一定常常在想，**如果自己有時間好好研究一下股市，應該可以發點小財**；你也一定常聽到人家說，上班賺錢太辛苦，投入股市才有快速致富的機會；任何一個頭腦正常的人，都有可能像股市專家所說的那樣，用錢滾錢。

一九八五年夏末，股市瘋狂大漲，盛況空前，讓我心癢難耐，決定放下一切，用一整年時間學習投資，尤其是股票。我立志從最入門的地方著手，盡可能把財經世界的運作搞懂，然後把錢投入任何可以賺到最多錢的地方。等我學會了投資，賺飽了荷包，可以自由自在之後，我將回過頭來，告訴大家我是怎樣做到的。

不過，要是現在就把我最後的「績效」告訴你，恐怕會壞了你的好奇心。但我可以向諸位保證，寫這本書，絕對不是為了稿費。

我知道，大家都懷疑那些寫投資理財書籍的人，根本是想用版稅的收入，來彌補自己投資上的損失，否則，這些人早就癱在加勒比海的小島上享受陽光，而不是跟電腦螢幕乾瞪眼。但我不同，你不需懷疑。我最近發現，坐在電腦前面乃是人生一大樂事，遠比癱在加勒比海的小島更愉快。更何況，我很想做點善事，把自己學到的知識，傳授給你們這些散戶朋友們，也希望你們能為我對各位的奉獻，鼓鼓掌。

或許你會懷疑：我有什麼資格大談投資理財？這一點容我稍後詳加說明。不是我吹牛，事實證明，身為投資市場的門外漢，反倒成了一種莫大的優勢。我沒有人情負擔，也沒有先入為主的專業知識，可以大方的問一些蠢問題，比方說「什麼是公債」或者「為什麼股價會漲會跌」，一般投資人因為怕被人家笑而經常不懂裝懂的事情，我都可以毫無顧忌的發問。

其他投資專家總會在書或文章中，拋出一堆的建議和法則，同樣的，我也盡量依樣畫葫蘆。由於我是以自己的實戰經驗、事實以及嚴謹的邏輯為基礎，你絕對可以放心。

為了準備這趟致富之旅，我才發現，原來自己這麼重視錢這回事。大家都知道，想發財是步入中年的必然現象。隨著腰圍變寬、血管越來越窄、性這回事變得越來越不重要，上哪個館子吃飯、怎樣才能發財，這類問題反而重要起來。可惜，不論選館子還是發財，動腦筋的頻率跟實際成功之間，沒有顯著的關聯。

想發財，已經變成一種全民運動。不管你有錢沒錢，幾乎都會日夜被迫去算計自己的資產，從股票、債券、共同基金、選擇權、期貨到定期存款，一般人每天都會被各種排山倒海而來的投資訊息給淹沒。

不信，你到雜誌區看看，一定能看到一堆的財經刊物。其中有《錢》（*Money*）、《財星》（*Fortune*）、《富比世》（*Forbes*）和《商業週刊》（*Business Week*），當然還有《華爾街日報》（*Wall Street Journal*）；即使是一般綜合性報紙、非財經類的雜誌，都有無數文章教你如何理財；打開收音機，你一定能聽到人家教你怎樣買債券基金；打開你的信箱，也會收到各式各樣教你賺錢的廣告；打開電視，很難不看到財經新聞，幾個重要的財經節目內容，甚至能引起一般人的熱烈討論；財經頻道全天候播報財經新聞，一邊在螢幕下方打出最新的股價行情。隨著節目來賓的聲音鼓吹觀眾買進或賣出股票，螢幕上的跑馬燈催眠著數以千計、甚至百萬計的投機客。

今天，投資機會比以前增加很多，而且變得複雜無比，就連最單純的上班族，也不得不開始運用謀略。每一筆例行性的家用決策，都需要老謀深算，彷彿洛克斐勒在做大生意一樣。

拿想要買車的人來說吧，就得在各種付款方式之間傷透腦筋：要贈品、現金折價，還是要更低的貸款利率？或是乾脆租車？

不只買車，買家電、家具也是如此。現在逛百貨公司，你很難不看到「分期付款」的字眼，到處都能看到最新的牌告利率行情；走進機場，一個個的燈箱廣告也讓你很難不想起自己的退休帳戶；和孩子們遊戲，你必定自然的想起，該怎樣為孩子準備將來的教育基金。

或許，就是因為各種機會隨處可見，如今我們屋簷下的每一件事物，都變得跟「投資」有關起來，包括人在內。

這一點，是我在這趟投資之旅出發前的新發現。我所認識的所有人，不管是親戚、孩子、丈夫、妻子，如今都成了「投資」。好些年前（忘了是什麼時候），我們開始說，孩子是「未來的投資」；接著，「讓孩子上學」這檔事也有了新的說法，叫做「投資孩子的教育」；以前說「和朋友吃飯」，如今叫做「人際關係的投資」；我和太太之間，更是一項「長期」投資。甚至連養寵物，都可以透過出售小貓小狗來「投資」。不過，我懷疑，就算倒貼，也不會有人肯買我們家的貓咪。

最近我還開始不斷想「未來的價值」這件事。過去，車子對我來說，只是交通工具，現在它被我看成一項會貶值的資產；讓我遮風避雨的房子，成了對抗通貨膨脹的工具，每隔一段時間我們就會為它展開辯論：該把房子賣掉、該要求銀行調降利率，還是把房子出租，搬到另一棟貸款利率較低的房子？

我家的餐桌現在是「固定資產」，上頭擺設的餐具則是「收藏品」。我現在終於搞懂，聰明的人應該在一九八〇年代初期行情最高的時候，把具有收藏價值的餐具賣掉，然後換成免洗餐具。上一波銀價的狂瀉，傷了人們長久以來對銀製餐具的感情，對於那些後悔沒在白銀價格最好時「脫手」的人而言，這些餐具如今反而成了痛苦的記憶。還有，再會了，那曾經被我小心翼翼送入銀行保險箱的銀器，你已經沒有被保存的價值。還有我的銀製俄國茶壺，其實早就沒了身價，儘管沒有任何通貨膨脹的跡象，我們還是把它留了下來，最後要如何處理它，可能得看聯儲會（Federal Reserve，美國的中央銀行）是否決定繼續降息。

打開我們家的衣櫥，隨處可見我過去「投資時機判斷錯誤」的證據，這些東西要嘛買得太早，要嘛賣得太遲。用兩千美元買來、如今早已過時的蘋果電腦買得太早，裝置藝術風格的水壺賣得太遲。但是那些原先和我有深厚「情感價值」的老火車模型和棒球卡，卻被我糊里糊塗地丟棄，現在這些東西都有公開行情，也讓我終於知道，當年沒頭沒腦清理童年舊物，害我損失了多少財富。

以前，沙發是用來坐的，有抽屜的櫃子是用來放東西的；今天，這些都已經成了人們眼中「具有投資價值」的東西。上頭的貓爪痕、果醬污漬、斷裂的把手，還有大理石桌的傷痕、唱片櫃上的鑿痕、室外搖椅上長期日曬雨淋的霉斑，也不再只是單純的一句「該修理了」，這年頭，這些損壞都會嚴重影響「投資價值」。

從這個角度來看，我們的衣物服飾，也在在顯示我們理財上的失敗，特別是當它們被弄髒、扯破或損毀的時候。當你用餐時把義大利麵掉在衣服上，相當於股票下跌三十%，或等於領不到股票股利。你的高跟鞋跟斷掉，也可以比照同樣的算法。

自從服飾成了投資，很多原本被我們拿來當抹布或準備改成萬聖節造型服裝的舊衣服，如今只好繼續掛在衣櫥裡，管它是過時的名牌裙子、不合身的外套、親戚穿過的羽毛衣、蘇格蘭節慶後被丟到一旁的格子短裙、從大學時代留到現在的夏威夷衫、圍巾、背心等，我們一再告訴自己，這些玩意兒總有一天行情看漲。

究竟，是我們被貪婪蒙了心，還是完全身不由己？我們會在投資機會的誘惑下，完全亂了方寸，我們也會為了金、銀、骨董鐘的升值，而不能自已，深信「不投機」是件高度冒險的事。數以百萬像我們這樣的人，以及手頭上不知如何是好的資金，為了追逐渴望的投資明牌，不停地在機會與機會之間遊走，結果反而越追越迷惑。我們的資產淨值隨著貨幣政策、金融市場、貿易平衡而起伏，我們的未來，彷彿印在基金和債券上，我們的情緒則跟著存款利率走。

有沒有可能，我們可以不再這麼迷戀錢這檔事？

在我看來，很難。這也點出了我所面對的第一個問題：倘若即將有極佳的投資機會出現在我面前，我要到哪兒找足夠的錢來投資？

本來，我打算賣掉一些多餘的家具、舊衣服和其他東西，卻遭到家人的強烈反對，她們說，既然家裡這些東西都已經是「投資」，幹嘛要為了華爾街上那些天馬行空的說法，而賤賣這些東西當賭注？

不過還好，我可以賣掉我自己的車——一部老舊的雷諾，以及只玩過兩次的帆船。賣這兩樣東西的所得，加上出版社預付給我三分之一的版稅，總共一萬六千五百美元。

這筆錢，就是我闖蕩金融世界的本錢。

2 我憑什麼自稱散戶

很多這種書的作者，都會說自己是「股市老將」、「最炙手可熱的交易員」或者「靠成功投資致富的人」等等。話不多說，這就來介紹我的能力與背景，以及我之所以能夠勝任這項挑戰的條件。

踏上這段旅程之前，對於錢，我最擅長的就是：把它賠掉。事實上，根據以下的確鑿證據，我可以宣稱自己有逢賭必輸的本事，屢試不爽。

起先，我是根本沒有本錢可以投資的。不過這麼說也不盡然正確，因為早在一九六〇年代，我有一度熱中於追求長期投資——人家告訴我，這是一種成熟的表現。我不知道從哪兒擠出了一點錢，用每股十四美元買了兩股的Technical Tape公司股票。二十年後，這檔股票只剩下四塊錢。當年那兩張股票，加上幾張來自雜誌社（已經在倒閉邊緣）所發放毫無價值的員工配股，就成了我所有的「資產」。

大約十年前，也就是一九七〇年代中期，我開始染指我們的結婚禮金，拿來發揮我的看家本領；這真是它們的不幸。有位在美國證券交易所擁有席位的朋友，提出賺ＩＢＭ選擇權價差的點子，也就是同時買進六月「買權」（call）、賣出十月「賣權」（put）。別問太多，這個朋友告訴我，只要ＩＢＭ股價維持上漲或持平，就不會有什麼風險。

有了他的保證，我放手買了六月買權、賣了十月賣權，可惜後來的ＩＢＭ既沒上漲，也沒持平，我虧了六千塊錢。吸取經驗的代價有時候是相當高的，不過，起碼我現在就可以給你我的第一條祕訣，替你省下一些學費：

千萬不要同時買進六月買權與賣出十月賣權，除非你知道那是什麼玩意兒。

為了彌補虧損，在我姊夫的營業員建議之下，我以每股十五美元買進Ramada Inn的股票。我姊夫玩期貨、玩股票、在加州棕櫚泉玩網球。你看我寧可花長途電話費去向他的營業員要明牌，就知道我和自己的營業員關係有多差，不過這稍後再談，總之，那營業員斬釘截鐵的說，Ramada Inn將是下一家取得賭場經營許可的飯店。顯然，沒拿到，因為股價直線下滑，十年之內沒再上看十五美元。

在那之前，曾有一位性感舞孃好心報給我一條小道消息：在每股三美元的時候買進Resorts International。我當然知道，認真的投資人不該聽信性感舞孃的股票明牌，因此沒理會這項建議。

這檔股票隨後扶搖直上，一直到它漲到兩百多塊，並且數度分割之後，我才向一個有錢朋友坦承，自己如何跟百分之一萬的獲利機會失之交臂。他告訴我，現在進場還不太遲，「如果在四十七美元買進，還算撿到便宜。」我心想，有錢人之所以有錢，總有幾分道理，所以就用四十七美元買了兩百股。接著，Resorts International的股價馬上跌到二十九美元，而且一跌就是十年，直到最近才因傳出董事長死掉而飆漲到七十五美元。不過對我來說為時已晚，我早因為不抱任何回漲希望，在三十三元認賠殺出。

同時間，我在九美元買進Charter，十二美元賣出，然後看著股價一路飆到一百美元。我把這難得一見的獲利，拿去買每股二十美元的Anacomp（後來馬上跌到只剩兩塊七毛五），以及每股十一美元的Sykes Datatronics（現已宣告破產）。

在貴重金屬的投資方面，我也頗有經驗，比方說，我曾經以十九美元投資白銀，然後看著它一路下跌。至於其他的大宗物資期貨如咖啡等，雖然我沒投資過，但我相信，如果有投資，績效一定不遜於投資白銀。

這趟理財之旅的出發前夕，我回頭反省自己過去的「績效」，基本上算是「打平」啦。曾有許多親朋好友告訴我，他們在股票等投資上大概也是如此，因此，相信很多人的投資績效跟我一樣。從我在各種酒會席間聽來的消息，全國各地都有無數人也是打平的狀況。這使我確信，我絕對有足夠資格，代表一般散戶發表意見。

3 我要變有錢！

有人說，在擁有財富之前，你必須先**想要**擁有財富。我得在這兒先跟大家懺悔，以前我常會出現「金錢不代表一切」的危險想法；尤其是當我投資賠錢之後，我總會說，有錢人很「悲哀」、「生命空虛」，或者「貪婪自私」。我也會反覆告訴自己，「開心就好，不要貪心」、「他們不過是命好」，以及「至少我還擁有健康」等等。在我遭遇投資挫敗之後，電視上那些豪門貴婦的身影，在我看來更顯得憂鬱與孤獨。

既然要開誠布公，那我就乾脆和盤托出吧。除了有著「金錢不代表一切」的觀念，我也認為愚蠢的投資者，在道德上比那些聰明的投資者高尚許多。假使金錢害人們六親不認、生活悲慘，那麼我遭遇的金錢損失，反倒能讓我一步步臻於完美的靈性與無上的智慧。當Sykes Datatronics的股價從十一美元變成壁紙，我覺得自己清高得不得了；當Anacomp從二十美元跌剩兩塊錢，我簡直快成了聖人。

我這種反璞歸真的態度，源頭可以追溯到大學時代，當時，我們許多人深信自己永遠不願意發財致富。一九六〇年代中晚期的大學生，很多人甚至刻意拒當有錢人。那個時代，在政治哲學拿A，遠比在會計學拿A更光榮。多數人對歷史與哲學瞭若指掌，卻對最基礎的財務觀念一無所知。我們盡可能避開和商業相關的學位，儘管那是致富的第一步。

畢業以後，我們這些人不是躲到鄉下小鎮、加入非營利組織，就是進入手工業、投入晦澀難懂的學術研究、從事收入少得可憐的藝術工作或是當社工。對於那些一開始就抱著發財夢、畢業之後直接進入華爾街工作的可憐人，我們自始至終抱著憐憫的心情。這些可憐的靈魂何其痛苦、何其狹隘啊！我們這麼想。這群可憐靈魂，如今成了高盛（Goldman Sachs）或所羅門兄弟（Salomon Brothers）的執行董事，每年賺進數百萬白花花的鈔票，而且居然同樣親切、樂善好施、謙恭有禮、父慈子孝，不遜於我們這些剛開始掙扎致富的人——這些太遲發現經濟學的好處勝過我們早已忘光光的前哥倫布時期政治學的人。

由於相信「成功需要被激勵」，我鞭策自己，一連好幾個晚上熬夜，收看那種教人如何致富的電視節目。這類節目大都在午夜以後播出，白白浪費在半夢半醒的觀眾身上，真是太可惜了，若非如此，我們的國家會比今日更富裕繁榮。

在節目當中，俊男美女們踏出他們的勞斯萊斯，或步出他們的私人飛機，為財富的好處做見證，然後承諾會揭露已被證實有效的賺錢方法。他們多半偏好房地產，而且照他們的說法，你甚至可以完全不拿一毛錢出來。有個男人形容，自己如何利用信用卡購買賤價的房地產，短短幾個月從快餐廚師升格成百萬富翁。他現在當然不再缺錢，不過為了服務大眾，他要大家付錢聽他講課。

另一名電視富翁是科斯曼先生，他會站在美國國旗旁，告訴觀眾他如何靠販賣金屬馬鈴薯槍和塑膠螞蟻農場而發財。他的想法是取得業餘發明的專利權，然後用符合常識的行銷手法進行促銷。他深信在他的協助之下（附帶說明，他可不是免費幫忙），所有人都做得到。

我覺得，在這些夜半富翁當中，最激勵人心的非「戴多頭」先生莫屬。他的節目是在夏威夷豪宅陽台上拍攝的，從陽台上還可以看到太平洋。戴多頭先生說，他從小就在口袋裡擺著一張夏威夷的照片，這張照片鼓舞他發財致富，然後搬到這個島嶼天堂來。不過他究竟定居何處，倒有點說不清楚，因為有時他說自己住在夏威夷，有時又說他只是常常來這裡。但願他有朝一日能說明清楚。

戴多頭先生穿著條紋休閒衫、棉質休閒褲，雙手各戴了兩枚尾戒和一只金表，雖然身在夏威夷海濱，這副派頭卻更適合待在內華達州的雷諾賭城。他的致富格言很多，其中最令人難忘的包括「我的夢想實現了，現在該你」、「別再隨波逐流」、「先想好你究竟要什麼」，最後那句他說是引述自達文西，但我翻遍參考書卻怎樣也找不到達文西什麼時候說過這句話。

為了幫助大家圓夢，戴多頭研究出一套在家學習的課程，其中有書也有錄音帶，內容則含括其他深夜富翁也會提供的東西，例如如何分析現金流量、如何預測房地產行情、如何申請更多信用卡等等，一應俱全。除此之外，他還會額外贈送一張前往夏威夷的折價券，憑券坐遊輪、搭飛機、住旅館都可以享受優惠，不過，這得透過戴多頭的旅行社安排才行。整套課程只要兩百八十九美元，也就是說，只需花這麼少的錢，你就能學到相當於價值一千四百七十五美元的賺錢訣竅，還不包括附贈的假期呢。

雖然我沒有趕忙寄出我的兩百八十九元（老實說，我居然忘了那個免費電話號碼，也搞丟了他的地址），但卻從他的節目受益良多。例如，我知道戴先生在高中時成績一定很爛，以至於他到現在都把「分析」說成「分解」，但成績爛並沒有阻礙他致富；還有一個盲胞現身說法，聲稱自己聽了戴先生的錄音帶、照著戴先生的指導，果然成功致富；另外還有一位來自芝加哥的黑人女孩，不久前才窮得走投無路，如今卻已經成了房地產大亨。

戴多頭先生苦口婆心再三強調，在擁有財富之前，必須先**想要**擁有財富。事實上，這是我這星期收看的每一位深夜理財顧問的共同信念。

我是那種死都不肯承認自己過去觀念大錯特錯的人，但戴多頭先生讓我茅塞頓開。在電視上看了他好幾次之後，我腦海中「金錢不代表一切」的想法已經一掃而空，我羨慕死了戴先生今天的成就，也想變得和他一樣富有。這趟旅程若要繼續走下去，這樣的認知是不可或缺的，因此，我要在這裡提出我的第二條祕訣：

認為金錢不代表一切的人，永遠無法擁有足夠的金錢。

4 銀行裡的錢

我所做的第一個決定，就是在找到投資機會之前，把錢放在可以輕鬆賺利息的地方。問題是，這年頭要賺取利息，可一點都不輕鬆。別的不說，首先你就得選對銀行，以及選擇正確的存款方式。

在我所住的邁阿密市，以前大街上總共才兩三家銀行。但現在，走在其中一邊的街道上，我發現有一家原本是藥房的店面，已經改成了金融機構，另外還有一家理髮廳、一家眼鏡行、一家賣電腦的，也都是如此。短短的一段路，就有一家新開的美豐儲蓄（Savings of America）、東南銀行（Southeast Bank）、全美第一儲蓄（First Nationwide Savings）和格蘭岱爾聯邦儲貸（Glendale Federal）；另外還有迪斯康證券（Dis-Com Securities）。

再過去兩條街上，有大通聯邦（Chase Federal）、施芙拉銀行（Safra Bank）、花旗儲蓄（Citicorp Savings）、卡特瑞特儲蓄（Carteret Savings）、林肯儲貸（Lincoln Savings and Loan）、美國儲貸

（American Savings and Loan）、中央信託儲貸（Centrust Savings and Loan）、傑佛遜全國銀行（Jefferson National Bank），外加培基證券（Prudential-Bache）、美林證券（Merrill Lynch）、德崇證券（Drexel Burnham Lambert）和芝加哥商品交易公司（Chicago Commodity Corporation）。走到底還有一家太陽銀行（Sun Bank）。

假如剩下的少數幾家服飾店、快餐店、美髮屋和餐廳都倒閉，一定還會有更多金融機構進駐，遲早有一天，人們逛街時除了比較各家銀行的牌告利率，將再也看不到其他東西。到那時候，無論街頭或巷尾、不管白天或晚上，我們都能隨心所欲的存錢或提款。這個國家如果繼續朝這條路發展，那麼我們將很快變成一個只有經紀商和提款機的國家。

《紐約時報》（*New York Times*）上說，金融服務業是美國成長速度最快的產業，比速食業快、比房地產業快，甚至比每年成長百分之二的律師事務所還快，金融服務業一年的成長率高達百分之四，這個數字，比墨西哥的人口成長率高，也比保健商品、咖啡館、健身俱樂部、麵包坊高。大型的百貨商場，例如席爾斯（Sears）、凱瑪百貨（K-Mart）等，現在除了賣烤箱等用品，也開始提供金融商品的銷售服務。當你把錢存進銀行，你可能會得到像烤麵包機之類的贈品，搞不好這些百貨商場就是為了報復那些銀行拿家電來當贈品，才決定提供金融商品服務。總之，隨著銀行的經營越來越多樣，百貨商場的面目也越模糊。

我打電話問過華盛頓的官員，他們告訴我，目前美國一共有四千家獨立的儲蓄與信貸業者、一萬四千多家銀行，以及數以千計的地方分行。銀行業和儲蓄與信貸業之間的唯一差別，似乎是前者的呆帳可能來自全世界，例如祕魯和墨西哥，而後者只能來自周圍的爛建商。不過，這點存款人倒不必擔心，只要這些業者有加入所謂的美國聯邦存款保險公司（Federal Deposit Insurance Corporation，簡稱ＦＤＩＣ），或者聯邦儲蓄貸款保險公司（Federal Savings and Loan Insurance Corporation，簡稱ＦＳＬＩＣ），你我就能高枕無憂。

跟衆銀行打交道

我家附近那些有點歷史和規模的銀行，長得都有點像陰森森的陵墓。顯然，用花崗岩等高檔建材來蓋房子，用厚重的鋼材做門面，是每家銀行的共識，尤其是在一九二九年的經濟大蕭條時期，沉穩的外觀和厚重的大門似乎在告訴顧客們，在資產縮水、銀行泥菩薩過江的時代，厚實的外牆和森嚴的大門是讓顧客安心的措施，保證銀行裡存放著值得保護的東西。

新冒出的金融機構，則多半就像普通的店面，很容易讓人誤認為是精品店。其中有許多家是在這幾年全國景氣繁榮期間開張的。或許是因為這時候的民眾對銀行有著不尋常的高度信心，銀行業者也樂得不必在外牆上花太多錢。我注意到在我家這一帶，有些儲貸機構看似花店，另一些則像健身中心，有些銀行裡頭甚至有噴水池與小池塘。

好笑的是，有些銀行的顧客會把這些噴水池當做許願池。早幾年，在那個「省一分錢就是賺一分錢」的年代，你絕不會在銀行裡見到許願池，更別提在池底看見一毛錢或兩毛五的銅板。這些人不把零錢存進自己的戶頭，反而往池子丟，其實是通貨膨脹悲哀的結果。幾小時後，這些銅板就會被銀行的行員撈出來，算入銀行的獲利當中。

我們必須面對「唯有數量龐大時，零錢才有價值」的事實。而這，就讓我想到我的第三條祕訣：

省一分錢，就是賺一分錢。但，又怎樣？

我拜訪過的老銀行、新銀行和絕大多數儲貸機構中，櫃檯窗口前總是大排長龍。隊伍長度似乎跟顧客可以從存款孳生的利息額度成正比。經過非正式調查，我斷定一個人可以領取的利息越高，領錢所需的等候時間就越長。此外，這些機構的櫃檯，十之八九的窗口無人服務。它們似乎只被充做門面，帶給不得不在服務窗口前等待好幾個鐘頭的顧客一絲不實的希望。

銀行與儲貸業者的經營權經常易手，次數之頻繁，讓人幾乎跟不上銀行名稱的變動。根據來自華盛頓的消息，光是過去兩年內，就出現了六百七十宗銀行購併案，以及超過兩百宗儲貸機構購併事件。在我家這一帶，全美第一儲蓄，原本叫做華盛頓儲蓄（Washington Savings）；卡特瑞特儲蓄吸收了全美第一銀行（Amerifirst）；花旗儲蓄以前是畢斯肯聯邦（Biscayne Federal）；中央信託不久前叫做戴德儲蓄（Dade Savings）；太陽銀行是從旗艦銀行（Flagship）分割出來的，後者則是匯通銀行（United National）的子公司。

我們也許只是來來去去的流動人口，但是我敢打賭，一般人換銀行的次數，比不上一般銀行的重整次數。忠心耿耿沒什麼好處，相反的，老顧客被迫向一連串新上任的總經理、主任、行員重新介紹自己，必須一再出示駕照，好證明自己的身分，彷彿自己——而非這些機構——才是初來乍到的新面孔。

走進銀行和儲貸機構大門，各種牌告利率映入我的眼簾。隨著商品特色不斷推陳出新，這些表格也變得愈來愈複雜。大通聯邦牌告上有「一年期定存」、「兩年期定存」、「三年期定存」、「四年期定存」和「五年期定存」，另外還有「機動利率活儲帳戶」、「機動利率支票帳戶」和「VISA銀卡帳戶」。

我告訴林登．貝瑞特（一位年輕友善的大通聯邦行員），我有一大筆金額要存，而且金額大到足以讓我得到一台免費的烤麵包機。貝瑞特先生表示，他們銀行已經不送烤麵包機了，為了專注本業，銀行改為贈送現金。他告訴我，每存入一萬美元的「一年期定存」，我可以得到二十美元的回饋，放「兩年期定存」則可拿到四十美元。奇怪的是，存「五年期定存」卻沒有任何紅利。

在其他銀行，存款的花樣更是五花八門，有「儲蓄加支票帳戶」或「支票加儲蓄帳戶」、「機動利率」或「固定利率」、「有最低存款金額限制」或「沒有最低存款金額限制」、「有手續費」或

「免手續費」等等。同樣是定存，有些利率固定，有些利率會隨到期年數調整。

我告訴其中一家銀行，我其實正準備投入股市，他希望我也能在他們那裡買賣股票。「這樣的話，你可以省下股票交易手續費，」他強調：「因為我們的收費比美林證券便宜。」不過，那家美林證券後來也告訴我，我不但可以在他們那裡買賣股票，還可以在那裡存錢。

在從匯通銀行分割出來的旗艦銀行分割出來的太陽銀行，有一塊跑馬燈看板，不斷針對現金卡的持卡人打出「快來領取免費贈品」的字樣。穿過銀行大廳，有一列不大不小的花，花的後面則是銀行行員辦公的地方。在約莫十到十二張桌子之間，我只看到三個人在上班。一邊等著被傳喚，我一邊讀著銀行刊物上所促銷的各種服務：拍全家福照片特價、開戶打折、辦信用卡免年費、貸款利率優惠等等。

終於，我被分派給一位行員，名叫珍・高蒂耶，起碼她看起來已屆投票年齡，至於其他行員，能不能買啤酒都成問題。高蒂耶小姐表示，他們沒有烤麵包機，沒有現金紅利，沒有獎勵計畫，也沒有任何贈品提供給想存錢的我。我告訴她，聽起來太陽銀行並不真心想要我的錢，她點頭同意，認為我可以在別的地方找到更好的條件。借錢被拒的確令人傷心，但是想要存款卻被勸退，簡直就是侮辱。

相較之下，中央信託就積極多了。行員朱利歐先生（這個人脖子上的格子領帶和身上的條紋襯衫完全不搭調）強調，他們銀行雖然沒有提供贈品，但利率絕對是最優的，他極力推薦兩年半期的

「大起頭儲蓄帳戶」，前三個月的利息高達十%，之後則是六．三四%，期滿平均年報酬率高達七．五二%。關於平均利率和年利率之間的差別，他解釋了三遍我還是不懂，其實類似的說明我聽了不下數十次，到現在還是霧煞煞。（我一直懷疑，銀行是故意用這些數字把我們弄得頭昏腦脹，好讓我們在迷糊之中任由它們宰割。不過，要證明我的懷疑是否正確，我還必須先弄清楚究竟什麼是複利，什麼是單利，我看，算了。）

我問他，假如我把錢存在中央信託，是不是就可以向銀行調頭寸，那位朱利歐先生眼睛發亮地告訴我：「當然可以，而且可以貸到九成！」接著他花了很多時間解釋，我可以怎樣只繳息不還本，怎樣把還款期限巧妙地安排在定存到期的同一天；他還建議我申請「股票融資專戶」，有了這個專戶，拿房子去抵押，我還可以借更多錢，而且銀行會在四十八小時內核准，免繳開戶費，也免收關戶費，連利率都可以選擇固定或機動。

和這麼多家銀行打過交道之後，加上無數的平面和電視廣告的鼓吹，我發現，自己想要借錢的意願，遠遠超過存錢的初衷。事實上，我認為這些銀行應該改叫「債行」更貼切，因為，當前人們的儲蓄已經創下史上最低紀錄，而借錢的金額卻節節上升。

最後，我決定還是算了，乾脆保留我原先就有的支票儲蓄綜合帳戶，只要裡頭的錢不低於銀行的規定，就可以享有機動利率，而且任何時候都可以把錢領出來，不會被罰錢。

搞定存款之後，我啟程前往下一站。

5 檢驗我的財務健康

聽廣播說，散戶在採取投資行動之前，一定要先找信譽良好的財務規畫顧問，做一次徹底的「財務健康檢查」。

這倒提醒了我，從來沒有做過什麼財務健康檢查，看來，現在應該是做這件事情的最好時機。翻開電話簿，黃頁上「財務規畫顧問」的家數，不少於水電行。十年前，黃頁上很難看到什麼「財務規畫」的字眼，那時候只有想要逃漏稅的有錢人，才會需要財務規畫；現在，有了電腦的協助，財務規畫的成本大幅降低，這項服務才開始普及起來。

其實，一般市井小民也是到最近幾年，才開始相信自己也能「擁有財務規畫的願景」。我在圖書館花了好幾個鐘頭，試圖從舊書堆中探尋「一般人」和「財務規畫願景」之間，究竟是什麼時候開始產生關聯的。我在一本一九二二年出版的小冊子中找到答案。這本冊子的作者艾奎斯特（Alquist）如此寫道：

在六十到七十歲之間去世的人當中，只有百分之二・五的人留下了足夠的錢來辦理自己的後事，如果不從現在開始規畫自己的財務願景，你知道會有什麼後果嗎？

這裡我不想猜測艾奎斯特先生口中的「後果」是什麼，但他的意思其實非常明顯：規畫財務願景的基本出發點，是人們對於「沒錢埋葬自己」的焦慮。在葬儀社出現之前，人們會免費彼此埋葬對方，沒有人需要擔心身後事的費用。但是在葬儀社出現之後，一切已經改觀。

仔細想想你就能發現，辦理後事的開銷，其實是所有財務焦慮的開始。根據我所蒐集來的資料，所有的財務規畫公司和人壽保險公司，都得大大地感謝葬儀業的發明。最早期的大眾化人壽保單，是為了保障人們有能力支付自己身後事的費用，後來才逐漸擴增保障的範圍。隨著人們的平均壽命越來越長，各式各樣的新保險商品，才開始讓人們在死前（用保險術語來說，叫做「身故前」）也能享受保障。財務規畫業也是如此，漸漸從規畫「喪葬費用」延伸到其他方面，最後演變成像今天這樣，以規畫「生前財富」為主要目標。

如今，社會福利制度、退休基金、個人年金帳戶等等，使得我們未來的財務複雜許多，而且複雜到我們完全無法理解的地步。這也為所有財務規畫業者造就了無數商機。

財務顧問能爲我做什麼。

我從黃頁中，隨意挑了一家看起來好像滿有名的公司，叫做「M．H．桑佐公司」（M. H. Senzel & Co.）。我打了通電話給對方，安排一次免費的面談。

桑佐公司的辦公室位於高速公路旁一棟鋼骨大廈的七樓，我像等著看醫生般坐在等候廳裡，茶几上除了《新聞週刊》和《時人雜誌》，還有《錢》和《富比世》。我翻了一會兒《錢》雜誌之後，一位看來誠懇的年輕人出現在我面前，穿著運動夾克和休閒長褲，他名叫波伊德．拉菲特。拉菲特先生帶著我穿過走廊，走進一個會議室，指示我坐在長桌一端的椅子上，然後拉下隱藏式布幕，從桌上拿起工具，開始做起簡報來。

拉菲特先生要談的第一件事，是向我說明「財務規畫顧問業的概況」。他想強調的是，光是在美國，就有超過二十萬名財務規畫專家，比十年前增加了一倍。這些人當中有些可能只是失業的技工，或者是沒頭路的音樂家；美林證券大約一萬名營業員如今改叫做「理財顧問」，而且還印了新的名片；雷曼公司的營業員也做了同樣的調整。在這種情況下，拉菲特先生表示，一般客戶確實很難挑選到最適合自己的財務顧問。尤其困難的是，根本沒有簡單的標準來幫助人們判斷這些顧問是否「成功」，而且什麼才叫「好的」財務規畫，大家也莫衷一是。幸好，就像在其他同樣很難判斷優劣的領域，例如政府機關和學術界，可以根據職稱和證書來判斷，財務顧問業也是如此。

拉菲特先生告訴我，好的財務顧問有證書、有執照，而且還分不同等級。他舉出幾個專業組織（例如「國際理財規畫協會」〔International Association for Financial Planning，簡稱IAFP〕）和幾項專業財務顧問考試（例如什麼「CFP學院」所提供的「CFP考試」，以及一項原來稱為CLU、但如今改名為ChFC的測驗）。市場上這麼多的財務顧問當中，拉菲特說，大約只有一千多人，可以稱得上合格的財務顧問，其中算好手的，只有不到一半。

儘管他承認，財務顧問的好壞其實見仁見智，不過從顧客的立場來說，還是應該找越可靠的越好，最好呢，是能夠得到「國際理財規畫協會」或「CFP學院」等這類單位的認可。例如他所服務的桑佐公司，就很理想。而且拉菲特先生本人，不但是「國際理財規畫協會」的會員，同時也通過所謂的CFP考試。

這裡我要先稍微岔開話題。因為後來我從報紙上看到一則新聞，說佛羅里達州有一隻名叫「雷卡」的狗，居然也是拉菲特先生口中那個重要的專業組織「國際理財規畫協會」的會員。於是我打電話到協會位於亞特蘭大的總部，該協會公關部門的威廉先生不斷向我保證，小狗入會只是單一的烏龍事件，絕不影響該組織另外兩萬四千多名會員的素質；他堅稱，未來再有小狗入會的機會微乎其微。不過他也說，基本上只要有人寄出申請表並附上一百二十五美元，協會並不會去懷疑對方的身分。他請我務必理解，該協會只是民間團體，不是認證單位。

我還打了通電話給科羅拉多州的「CFP學院」（全名為College for Financial Planning，認證理財規畫師協會），試圖了解他們的「CFP考試」。接電話的人一定當過電話祕書，因為她在電話那頭如數家珍的告訴我，該項考試是「一項涵蓋六門科目的課程」，「可以在家研讀」，最近幾年「共有超過兩千人通過考試」。她還主動提到，該項考試比起「ChFC測驗」嚴格得多。為了查證她的說法，我打了電話給舉辦「ChFC測驗」的「美國理財規畫顧問學院」，他們的說法則正好相反。最後，我打電話給「全國個人理財顧問協會」，他們告訴我，只要你是定期向顧客收費的財務顧問，每年只需繳交一百二十美元，不用經過任何考試，就可以申請加入。還好的是，截至目前為止，倒是還沒有發生過小狗入會的烏龍事件。

再回來談拉菲特先生。繞了一大圈之後，他開始解釋財務規畫顧問能為我做些什麼事。其中，最最重要的第一件事，就是：「幫助我釐清財務目標」。我花了這麼多晚上看電視，當然很清楚自己的財務目標，因此我告訴他：「我的目標明確得很：我要變成有錢人！」他聽了竟然大笑起來，像聽到什麼笑話似的。後來看到我板著臉很認真的樣子，他才尷尬地止住。

將來，假如你有機會去找專業的財務顧問，奉勸你，最好別說你的目標是要當有錢人，因為，他們似乎對這樣的說法十分感冒。至少以我所遇到的拉菲特先生來說，顯然只想告訴我，如何處理我已經有的錢，而不是教我怎樣賺到更多。他們慣用的說法是：你是否準備好讓資產長期成長、讓資產穩定而安全、做好房貸規畫、安排子女教育費等等。

為了讓我明白該如何釐清自己的財務目標，拉菲特先生整整說了十五分鐘的大道理，而且還用事先準備好的圖表輔助說明。他說，我必須撐起一張整合性的大傘，保障我混亂的人生，而我的人生，可以區分為資產管理、稅務規畫、遺產規畫、保險規畫與退休規畫等等。談到退休規畫時，他畫了一個面帶微笑的長鬍子老爺爺。

所謂的專業是：花一大筆錢，來幫助我們省錢。

老實說吧，我其實更關心的，是家裡頭的大小開銷、忘了繳的帳款、積欠的交通罰單、老是入不敷出的家庭預算、數以千計突如其來的支出，壓根兒搞不懂拉菲特先生精心介紹的這一切，和我所最最關心的財務問題之間，究竟有什麼關聯。當我告訴他，我沒買過保險時，拉菲特先生吃驚的程度，好像發現我穿著我老婆的內褲似的。我還告訴他，我不知道自己一年賺多少錢，因為我是SOHO族，而我老婆是房屋仲介，收入從來沒有穩定過。最後我供認，我的生活跟他用奇異筆創造的「全方位整合體」，根本八竿子打不到一塊。

他坐下，湊過身來，用父親般的慈祥語調勸我不必擔心。他說所有需要財務規畫的人，都以為自己的狀況無可救藥。他相信，不論我們家的財務狀況多麼紊亂，應該都還有救。他遞給我一份他們公司的服務簡介，翻開內頁，指出上頭寫著的「以不可或缺的全面性與連續性觀點看待財務生活的人，屈指可數」。

接著，拉菲特先生說，我們可以開始談一些比較棘手的部分。

首先，我們可能得先花上十幾個小時，做一些資料蒐集的工作。他的助理會整理我全家的伙食費收據、發票等等，「畫出輪廓」，然後再根據蒐集來的資料，檢討每一筆的收入與支出。例如要不要買保險、該不該將部分資產移轉到孩子的名下、是否投資債券等等。

我主動提議，乾脆停止花錢請園丁，自己動手割草。但是拉菲特先生說，別傻了，現在說這些，都還言之過早，事情沒那麼簡單。聽起來，對於我們的家庭財務，桑佐公司用心之深，絕不遜於他們給大企業做的定期預算規畫。即便制定了計畫之後，我們每年還得兩度前來追蹤檢查，就像看牙醫一樣。拉菲特先生說，定期複查是不可或缺的，否則會白費了全部心血。

截至目前為止，他都還沒提到，這種種服務要花我多少錢。拉菲特先生似乎準備留待最後再說。當我問起費用，他再度闡示定期檢查、「全方位整合體」和專家意見的重要性。他處心積慮用「時間」、「心血」和「客戶沒看到的許多層面」等說法，為接下來的談話鋪路。最後，他終於開口：初步規畫的費用是因人而異的，大約是家庭資產總額的二～四％之間，得看我的家產多寡而定。往後每年的「定期檢討」，公司還會向我收取約一～二％不等的費用。

他提醒我，這些費用是可以抵稅的，不過聽起來不太牢靠。我小心翼翼迴避「發財」之類的字眼，提出心裡的疑惑：理財規畫為我們帶來的額外收入，是否足以支付規畫所需的費用？拉菲特先生保證，這項計畫絕對能幫助我們省錢，但是省下來的錢要如何投資，端看我們的「資產管理經理人」（money manager）的本事；這，是我們所需的另一項專業服務。

這家公司也有專屬的資產管理經理人，他們是整樁買賣的一部分。不過，拉菲特先生說，我有權到別的地方挑選。他警告我，好的資產管理經理人難找，就像好的理財顧問一樣如鳳毛麟爪，所以我得多方比較他們的績效與費用，才能做出正確抉擇。或許我最好還是採用他們公司內部的專業人員。

除了理財顧問與資產管理經理人之外，我還得找一家券商來幫我買股票。拉菲特先生說，他們公司跟一家費率非常低廉的券商合作密切。至於會計師，他說我可以繼續任用原來那一位，或者改用桑佐公司的人員。

這次免費介紹諮詢，至此大體結束。拉菲特先生給我幾份合約回家細看，請我在準備好進行資料蒐集時回覆他。但我沒再找他。想到要付一開始的規畫費用，再加上每半年一次的檢查費用——更別提資產管理經理人、證券營業員，也許還有會計師的費用——我就悶悶不樂。我懷疑東扣西減之後，還能剩下多少錢供他們管理。儘管拉菲特先生能力強、思慮周密，我還是決定，不要他們公司的高度專業所能帶給我的利潤，繼續向前。也許，我的第四條祕訣，可以替你省下一些麻煩：

散戶想要取得財務上的安全，代價實在太高了。

6 向散戶先烈們取經

雖然找理財顧問這條路行不通，但我還是希望得到某種引導，於是，我轉往圖書館求助。

我希望盡可能從投資快訊和商業期刊上學習，起碼在圖書館中，這些知識是免費的。這趟旅途已經啟程好幾個星期了，我的本錢還靜靜坐在儲蓄帳戶裡，以卑微的利率孳生利息。想也知道，數不盡的財富在我看電視的時候誕生，在我跟桑佐公司鬼混的時候流逝。雖然心急如焚，我卻拒絕莽撞行事，我絕不會把歷史的教訓拋到九霄雲外。

閱覽室裡龍蛇混雜，什麼樣的人都有，有個傢伙褲襠拉鍊卡住，還有人運動衫上沾著油膩膩的污漬。不過當我看見他們全神投入《華爾街日報》，就知道我們有志一同。一位老兄在瀏覽股價行情表時發出古怪的磨牙聲，另一個人把他生鏽的手表攤在座位上，不顧「請保持安靜」的標語高唱民謠〈家鄉老友〉。我問他打算做什麼投資，他含混地說，「Key藥廠」；這檔股票最近價格飛漲。

絕大多數圖書館中，都可以看到見多識廣的市場研究者躑躅徘徊的身影。就我的觀察，他們多半欠缺資金。我推斷他們是從市場退下來的前任散戶，把我先前的技術（買高、賣低、大概打平）運用到極致，最後落得這樣的下場：露宿街頭，揀垃圾吃，白天就在閱覽室裡消磨打混。

我本來想花點時間跟他們聊聊，但我也怕近墨者黑，於是決定躲在書堆中，與世隔絕。我瀏覽了兩百多本貫穿整個金融史的投資理財書籍，有些書甚至可以追溯到十九世紀。我記得的書名包括：《投資的藝術》（*The Art of Investing*, 1888）；薩巴迪亞・弗林特（Zebediah Flint）的《謀略》（*Playing the Game*, 1918）；艾德溫・李費佛（Edwin Lefevre）的《股票作手回憶錄》（*Reminiscences of a Stock Operator*, 1923）；《投資之前先測試》（*Test, Then Invest*, 1927），作者不詳；以及一位當代名人之父——梅力・魯凱瑟（Merryle Rukeyser，其子是已故的美國股壇名嘴路易斯・魯凱瑟〔Louis Rukeyser〕）所著的《財務與投資常識》（*The Common Sense of Money and Investments*, 1929）。

有好幾本書以女性為訴求對象，其中最有名的是《女性投資須知》（*What Every Woman Should Know about Investing Her Money*, 1968），作者是賀塔・李維（Herta Hess Levy），根據封面摺口的敘述，她是一位「女人味十足又高度專業的證券營業員」。還有一本書叫做《怎樣安全地下蛋》（*How to Lay a Nest Egg*, 1950），也是專為女人而寫，不過作者是個男人，叫做艾德加・史考特（Edgar Scott）。「股市是否如同超市？」他如此詰問。

一些散戶先烈們的重要史實。

從這些書刊及其他來源，我學到許多關於我們散戶先烈的重要史實。最早的股票市場始於一六○二年的阿姆斯特丹，但是沒有證據顯示一般大眾涉足其中。當時的老百姓忙著買鬱金香球莖，就目前所知，鬱金香球莖是一般市井小民最早的金融機會，結果導致了不幸的鬱金香球莖市場泡沫化。到了一六八八年，英國老百姓的顯學是投資葵花籽油，還有從西班牙進口公驢。一七○○年代的南海公司（South Sea Company）吸引了龐大散戶瘋狂搶進持股，聯手把這檔股票的帳面價值，哄抬到當時歐洲所有現金加總的五倍之多。後來的崩盤促使一七二○年泡沫法案（Bubble Act）三讀通過，嚴格限制新公司的成立。

英國下議院於一七二一年通過全面禁止出售股票的法令，一七三三年第二度出手，試圖讓「以股票或證券價格為名目的賭注（wager）盡皆作廢無效」。他們顯然白費力氣，因為倫敦證交所在一七六二年成立了。很快的，「賭注」這個詞彙不再流行，取而代之的是更令人安心的「投資」，沿用至今。在此期間，蘇格蘭人發明了為一般大眾服務的銀行業。

以上是歐洲的歷史。至於美國的第一波投資熱潮，則發生在公債市場；這應屬意料中之事。我們的投資前輩在一七○○年代購買獨立戰爭債券，之後興趣轉移到國有銀行債券，再從銀行債券轉到保險債券，從保險債券轉到公共事業債券，從公共事業債券轉到礦業與石油業公司債券，從石油公司債券轉到實業公司債券；先後順序大致如此。

美國的股票買賣最早出現在十八世紀。北美銀行（Bank of North America）是目前已知的第一檔股票，可惜在一七九二年瓦解了。到了一八一八年，總共有二十九檔股票在充當紐約證券交易所的咖啡館裡進行交易，其中有十檔是銀行發行的股票。一八三〇年代保險股開始出現，隨後興起的是鐵路股，之後則是石油與礦業股。

從草創年代迄今，股市經歷了無數次的多頭市場（bull market）與空頭市場（bear market），又稱為順市（swimming market）與病市（sick market）。我大致彙整如下：一七八一年的牛市；一七九二年的崩盤；一八三七年與一八五七年的大恐慌；一八七七年的牛市，繼而出現一八八一到八五年的熊市；一八九二年與一九〇六年「揮霍無度的盛世榮景」；一八九三、一九〇三和一九〇七年的股災；一九一九年的高點；一九二〇年的蕭條；一九二一年的低迷；所謂的一九二九年大崩盤；一九三二年的低點；一九四九年以前的上揚走勢；一九五〇年代的上下震盪；一九六二年的低點；一九六九年的高點；一九七〇年代初期的低迷不振；一九七〇年代晚期的上揚，一直進入一九八〇年代。而就在我下筆的此刻，正值史上最繁榮的十年牛市。

回顧市場，我很難釐清究竟有多少人在什麼時候投資了什麼。費解的是，每隔一、二十年，就會傳出社會大眾「終於發現了投資的好處」這樣的說法。打從人們開始在十八世紀購買獨立戰爭公債，這樣的「發現」便一直源源不斷。七十年後，在一八四八年，一本叫做《華爾街上找股票》

（*Stock Jobbing on Wall Street*）的著作聲稱，社會大眾終於開始涉足投資。然後在一九〇六年，《世界職場》（*World's Work*）雜誌宣稱一般投資人剛剛成為「投資市場的中流砥柱」。二十年後，老魯凱瑟聲稱「證券經紀破天荒向一般民眾展開銷售」。又過了三十年，在一九五六年，紐約證交所慶祝「人民資本主義」（people's capitalism）的誕生，美林則自吹自擂，宣稱他們「為華爾街帶來了人潮」。一九六〇年代中期，華爾街再度被引介給沒經驗的社會大眾（換成現在的說法，叫做投資大軍〔Thundering Herd〕）。

讀完這些書之後，我發現，打從一開始，散戶就已經在股票與債券市場中進進出出，只不過似乎沒有人記得十年以前發生的事情。是否真有「投資人失憶症」這種病？就像遭遇地震、交通事故等災難而心靈受創的人，往往出現有益健康的短暫失憶來保護自己，直到他們恢復面對現實的力量；還沒忘記上次生產痛苦的女人，也許會拒絕再度懷孕；散戶是否為了重返股市，而不惜集體抹去先前血本無歸的教訓？

另外，我現在也懂了，比起那些免不了被人操縱、玩弄、蒙蔽，或者因為自己的無知而傾家蕩產的上一代前輩，散戶如今越來越機伶，越來越有能力做出審慎決策，越來越懂得提防騙局或誇大不實的資訊。翻翻幾本有關華爾街的書，你都會發現，打從十九世紀中葉開始，散戶的老練世故早就在進步之中。

一八八八年，一位名叫休姆（Hume）的紐約證券營業員寫下了《投資的藝術》，書中描述一八七〇年代盛行的「卑鄙交易」、「漫天臆測」、「專為賭鬼而設的賭局」、「無恥傳聞」和「數不盡的詭計」。不過到了一八八〇年代，精明的投資大眾已能輕易看穿這些把戲。一九二一年五月，新創刊的《巴倫》(*Barron's*) 雜誌盛讚華爾街的交易光明正大且正派，迥異於以往「古爾德（Gould）家族、范德比爾特（Vanderbilt）家族、坦慕尼（Tammany）家族」等等不名譽的舊時代。一九三〇年代，證券交易委員會著手改革金融業，許多可議的做法首度遭到禁止，華爾街再度成為可敬的投資場所。

貫穿一九五〇年代及一九六〇年代初期，有關投資大眾變得多麼睿智幹練的文獻陸續出爐。感謝券商研究報告、暢銷雜誌，以及就連最微不足道的小股東都唾手可得的各種刊物，投資大軍看來不可能再輕易採信謠言、評比臆測或愚蠢的傳聞。同樣的進步，在一九七〇年代以及後來的一九八〇年代都有紀錄可循。當時，個人電腦終於讓一般投資人站上與專業人士平等的地位，我認為，這些都是好消息。

在此期間，所謂的「正派持股」——也就是投資，而不是投機——也出現了重大變化。我覺得這點特別有趣，因為我向來就認為，股票本來就是正派的。我很驚訝的發現，普通股曾經跟當今的水餃股（penny stock）、期貨與選擇權一樣，都曾聲名狼藉。一九二〇年代，投資大眾——當時稱為「孤兒與寡母」——被勸阻買進任何股票，離股市愈遠愈好。《巴倫》雜誌發表的「孤寡模範投資組合」，幾乎完全由債券構成。一九一七年五月號的《世界職場》雜誌，刊登了一篇標題為「投資故友資金」的投資指南，文中只推薦債券。

有股利的股票，稍微顯得「正派」些，不過社會大眾還是被奉勸，要對兩者都敬而遠之。《巴倫》雜誌在一九二一年五月發行的第二期中勸告，「通用汽車的普通股不可被視為投資。」你很少見到企業負責人出來替普通股辯護，尤其是那些境況淒涼的企業。

遺憾的是，普通股終於贏得足夠尊敬、被接受可納入一般投資組合的那一年，正巧是一九二九年。（在那名聞遐邇的大崩盤之前幾天，《巴倫》如此預告：「一九二九年也許是我國史上商業景氣最繁榮的一年。」）

由於投資人在一九二九年買進的許多股票表現失利，股市整體很快失去剛得到的好名聲，再度被貶為危險的賭博。九成的美國大眾一直到一九三〇與四〇年代，都還餘悸猶存，對股市抱著不信任的態度。直到一九五〇年代，普通股才開始慢慢恢復地位，到了今日，它們再度被視為審慎的工具，適合寡婦與孤兒投資。期貨和選擇權是當代的瘋狂投機標的，我提醒自己別蹚這種渾水。

我在圖書館中埋頭苦讀時，特別留意有關大崩盤的報導。凡是認真的投資人，都必須洞悉這樁令人洩氣的事件，才能做好萬全準備，以防悲劇再度發生。很高興告訴你，此次大崩盤根本是樁莫須有的事件。事實上，一九二九年的大崩盤是一段漫長的修正，這就說明了為什麼我之前用「所謂的大崩盤」來形容這次的事件。

也許由於幾個倒楣鬼跳出窗戶直直落在人行道上，大家才產生股市在一天之內直線探底的印象。實際情形是這樣的：在令所有人痛不欲生的黑色星期四以前，股市已持續下滑好幾個星期了。事實上，從九月三日道瓊工業指數站上三八一．一七高點以來，股價便開始緩慢走跌。十月二十一日那一週，道瓊工業指數重挫二八．八二點，跌幅比十月二十八日（據說這個悲劇的一天摧毀了華爾街）的二四．九〇點還深；那一天只不過是連續低潮期中的一天。

即便在連續幾週低迷不振人心惶惶之後，《巴倫》仍足夠樂觀，勇於刊登這樣的標題：「Allis Chalmers在五十六元夠吸引人嗎？讀者如是問」、「杜邦可能締造更高盈餘嗎？」同年十一月，道瓊指數跌了二七三．五一點，兩個月內虧損了三十九%，無可否認，這是一次令人永誌難忘的股災。我們不記得的是，市場在年底回溫，正如《巴倫》在〈股市止跌反彈，振奮人心〉一文中報導的。一九二九年十二月三十日，股市歡欣鼓舞，即將收復其虧損金額的三分之一。大眾恢復了足夠信心，所謂的大崩盤被擠出《巴倫》的封面標題，由南美洲債券危機取而代之。

道瓊指數一直到一九三二年——也就是那個據稱的大災難日的三年後——才跌到最低點，這項事實應能讓所有人寬心。投資大眾有很多時間處分持股，忍受不算太嚴重的挫敗——最多損失五十%。至於那些有勇氣堅持持股的人，他們的部分投資出現強力反彈，今天的價值更勝於一九二九年。這就讓我帶到了第五條祕訣：

一個人眼中的崩盤，是另一個人眼中的修正。

7 聽到幾個實用的建議

我也許離題了。我來圖書館可不是為了研究歷史，而是要學習如何賺錢；而有關投資理財的實用指南，占據了整整三排書架。我翻閱一本又一本的投資指南，略過那些要人買這支股票或賣那檔股票的特定建議，試著把注意力擺在放諸四海皆準的投資原理——也就是各個專家歷經數十載痛苦摸索，好心傳授給讀者的基本原則。

我抓到的第一本書，是羅布（Gerald Loeb）的《投資生存戰》（*Battle for Investment Survival*）。這本書是在一九二九年大修正之後出版的，數度再版更新。羅布先生的書被奉為一般散戶的投資聖經；據說羅布先生本人靠股市賺了好幾百萬美元，大大提高了這本書的可信度。

一九六〇年代晚期，我有幸親見羅布先生本人，可惜我當時還搞不清楚狀況，沒想到挖掘他腦中的智慧。那段期間，我們有些人還不明白自己內心潛藏著致富欲望，因此往往謝絕人們的善意幫助。如今二十年後，我不得不在圖書館裡間接就教羅布先生，真是可悲。不過我安慰自己，反正羅布先生不可能在私底下告訴我他未曾公開告訴數百萬讀者的事情。

互相牴觸的專家意見，該聽誰的？

羅布先生再三強調，一次只做一筆投資，然後好好守著。「最大的安全保障，來自於把所有雞蛋放在同一個籃子裡，然後看好你的籃子。」他說。他以這條原則做為全書的開場白，然後花了好幾頁篇幅，提出一個又一個不容辯駁的例證做為後盾。據他所言，絕大多數散戶愚蠢地試圖分散持股，四處撒錢。結果是某一支股票老在另一支股票上漲時下跌，於是我們最好的下場就是不賺不賠。

羅布先生雄辯滔滔，他的論點顯得如此聰明睿智，第一章還沒結束，我已衷心相信「分散投資」是我之前老賠錢的罪魁禍首。我當下決定，把我的一萬六千五百美元資金，全數投入出現在我面前的第一個獲利機會。

這樣的決心，只維持到我放下羅布先生大作，拾起杜比亞斯（Andrew Tobias）的《金錢天使》（*Money Angles*）那一刻為止。看到這位先前寫了《你所需要的唯一一本投資指南》（*The Only Investment Guide You'll Ever Need*）的作者，又出了另一本新的投資理財書，實在哭笑不得，不過，杜比亞斯先生擁有敏銳的頭腦，絕對有變卦的權利。在《金錢天使》的第二十三頁，杜比亞斯先生提出了他的第一條鐵律——「買低、賣高」；我之前忘了這條原則，老是反其道而行。然後在第二十五頁，他提出了第二條鐵律：「分散風險」。「我們之間何其多人，漫不經心的把大多數雞蛋放在我們心照不宣的那個地方，實在太驚人了。」杜比亞斯先生如此寫著。

這跟羅布先生的立場剛好一百八十度相反。要不是杜比亞斯提出一個又一個不容反駁的真憑實據，我差一點就把蛋都放在同一個籃子裡。他說了許多恐怖故事，有關股票和債券遭遇天外飛來的意外災難、企業一夕之間破產、投資人因為一筆錯誤投資而讓一生積蓄泡湯等等；這些故事讓羅布先生的一個籃子理論非但顯得有勇無謀，簡直就是自己找死。我當下告訴自己，我會把錢分散到許多籃子裡。

我把《金錢天使》放回書架，開始發了狂似地翻閱其他數十本投資指南，尋找地位足以跟杜比亞斯先生及羅布先生相提並論的專家提出的原則。為了節省你的麻煩，我把結果彙整成以下清單，完整收錄了華爾街菁英曾提出的每一條經過時間考驗的原則。為了方便對照，我以兩兩成對的方式進行整理：

1. 要有耐心，切勿驚慌。	2. 要戒慎恐懼，隨時留意。
3. 要靈活，能迅速改弦易轍。	4. 要堅定，維持穩定方向，對自己的想法要有信心。
5. 千萬別太早脫手。	6. 殺出永不嫌遲。

7. 賺錢的股票不要放手。	8. 盡快落袋為安。
9. 投資長線，短線太不可測。	10. 短線操作，長線太不可測。「短線交易是天底下最安全的投機型態。」羅布先生說。「長期而言，人都難逃一死。」凱因斯(John Maynard Keynes) 先生說。這位著名的經濟學家兼短線炒家，長期下來，已親身證明了他的論點。
11. 千萬別冒你輸不起的風險。	12. 高風險才會有高報酬。只下夠看的賭注。
13. 在專家樂觀時買進。	14. 「在專家樂觀時賣出。」語出《智慧型股票投資人》(*The Intelligent Investor*) 的作者葛拉漢 (Benjamin Graham)。
15. 逢低買進，股價只會上漲不會下跌。	16. 逢高買進，股價還會持續上漲。
17. 設定明確投資目標。	18. 別讓人為的標準框限住自己。
19. 研究多多益善；無知的投資人注定是輸家。	20. 別做研究，一知半解非常危險。「如果你只是想稍微多了解你的投資計畫，結果恐怕更糟。」葛拉漢先生如是說。
21.「假如情勢不明朗，要靜觀其變。」羅布先生說。	22.「在不理性的世界裡，理性投資策略必死無疑。」這是凱因斯先生親口說的話。

你肯定曾經在報紙或財經雜誌上，看過上述某些或全部的投資原則。這些原則經常見報，只不過難得兩兩成對一起出現。閱讀這一條條原則，我突然發現，在金錢議題上，人們對於互相牴觸的意見抱著極不尋常的容忍度。我試著思索是否有另一個領域，不論是藝術或科學，同一群讀者會對彼此扞格的指導原則，抱持著同樣的尊敬。我發現，只有節食或健康食品書籍有這種現象，購買節食書籍的讀者可以在減肥失敗之餘，仍然容忍每一條互相矛盾的科學見解；或許同樣的話，也能套用在從來沒見過利潤的投資理財書籍讀者身上。

難道，沒有一條白紙黑字的原則，能得到華爾街專家的一致認同？事實上，我只找到這麼一條：散戶永遠是錯的。看到這些旨在提供幫助的書籍，竟對這項事實如此坦承不諱，真令人瞠目結舌！比方說，杜比亞斯先生在第一頁就迫不及待指出，絕大多數散戶都是最後進場的冤大頭，市場上五％的人就靠這九十五％的傻瓜發財；然後接下來的兩百頁篇幅，他卻不厭其煩地建議我們這些九十五％的人如何進場買股票！羅布先生則是在各項建議之間的空檔，花了點時間宣告一般散戶根本無可救藥。他甚至推薦他自己最喜歡的書——麥凱（MacKay）在一八四一年寫的《異常流行幻象與群眾瘋狂》（*Extraordinary Popular Delusions and the Madness of Crowds*）——藉此證明群眾永遠受到誤導。葛拉漢在介紹他試圖推廣的投資系統時，更是說溜了嘴：「大眾化的降臨，正是系統失靈的開始。」

還有許多其他例子，可是浪費篇幅在這上頭，徒勞無益。我很驚訝地發現多讀無益，因為每一位投資顧問都希望寫出暢銷書，可是按照定義，投資明牌一旦普及，就會失去效力。早知道這一點，我就不用浪費時間埋首書堆了。

反向投資法則是塊寶嗎？先別高興。

那麼，散戶究竟該相信誰？正當我準備放棄找到答案的希望時，我看到一份叫做《機伶投資》（*Street Smart Investing*）的快訊，發行人索科洛夫（Kiril Socoloff）先生，提出一個保證可以靠暢銷理財書籍賺錢的方法：聽取建議，然後反其道而行！他回溯整個二十世紀來驗證他的理論，得到這樣的心得（以下完全根據他的意見）：

一九二〇年代初，艾德加．史密斯（Edgar Lawrence Smith）寫了一本叫做《將股票視為長期投資》（*Common Stocks as Long-Term Investments*）的書。在那段絕佳的進場時機，這本書卻乏人問津。一九二九年（股市大修正那一年），本書一夕之間暴紅。就在同一年，專家提出了掀起流行的藍籌股理論（Blue Chip Theory），指出股市潛力無可限量，穩賺不賠。

一九三二到一九六七年之間，大體而言是買進股票的大好時機，卻沒有一本投資理財書籍擠進暢銷排行榜。直到亞當．斯密（Adam Smith）在一九六八年出版《金錢遊戲》（*Money Game*），才又掀起理財書籍的流行，然而沒過多久，股市上升乏力，一瀉千里。一九七四年，哈利．布朗

（Harry Browne）的《如何在經濟危機中致富》（*You Can Profit from a Monetary Crisis*）煽動半數讀者囤積黃金，金價的暴跌卻隨之而來。一直到暢銷排行榜上再也看不到有關黃金的書籍，社會大眾也對這個主題厭煩之後，金價才又開始上揚。然後登上每盎司八百美元的水準。

一九八〇年代初，許多全國暢銷書（最著名的是霍華・羅夫〔Howard Ruff〕的《絕處逢生》〔*How to Prosper During the Coming Bad Years*〕）預測高通貨膨脹率將成永久性常態，書中提供讀者一些聰明對策來保護他們的財產。按照索科洛夫的說法，這些預測正是通貨膨脹逐漸趨緩的跡象，而書中的對策（購買黃金、白銀、自然資源）恐怕無利可圖。同樣時期稍晚，傑若米・史密斯（Jerome Smith）風靡一時的著作《貨幣即將崩盤》（*The Coming Currency Collapse*），是一本關於美元全面崩盤的驚悚論述，數度再版銷售一空。就在此時，美元開始邁入不同凡響的三年多頭市場。

一九八三年夏天最夯的書《大趨勢》（*Megatrends*），預測了高科技的勝利，宣告煙囪工業已死。隨著本書空前的普及，微晶片與電腦產業出現真正的衰退，科技股股價重挫，傳統產業恢復生機。

現在，我抓到了一個似乎穩贏不輸的戰術。既然我以一般散戶自居，那麼很簡單，只要看準任何一個賺錢良機，就立刻背道而馳。這個構想太令人振奮了，我低聲感謝索科洛夫先生，然後草草記下第六條祕訣：

我忙不迭離開圖書館，朝自己的臥室前進，我已連續好幾天躺在床上收看電視財經新聞。我全神貫注，等著被說服某件事，然後我才能反向操作。螢幕下方的股價行情表跑個不停，川流不息的代碼照例讓我進入半催眠狀態，升高我對任何暗示的敏感度。很快的，一個來自科羅拉多理財公司的傢伙說，我們即將邁入通貨緊縮時代。我百分之百相信他是對的，於是急忙跳起來尋找老婆，告訴她，我們的國家即將進入通貨膨脹時期，我們應該投資黃金、自然資源及其他硬資產（hard asset）。

我回到電視機前，半小時後，一名麻省理工學院的經濟學家表示，我們其實要進入通貨膨脹時期，即將出現信用危機，政府應該促使美元升值，擺脫負債。對我而言，這段長篇大論只意味著一件事：通貨緊縮。我再度把太座逼到牆角，告知我已改變心意。硬資產是個爛透了的提議，我決定把錢投入紙資產（paper asset），例如債券。我還建議賣掉房產，租房子住就好。

在這緊鑼密鼓的幾天，我被說服買進黃金，因為聽說金價即將下跌；脫售黃金，因為金價就要上漲；投資股市，因為它準備下滑十%；出清股票，因為即將上揚十%；避開垃圾債券，因為它們備受歡迎；購買聯邦快遞股份，因為它們被大家視為地雷；轉存歐元，因為歐洲正逢信用危機；尤其是得買糖，因為我得知糖價即將暴跌。

違背你真心相信的事情，然後反其道而行，並不是一件簡單的任務。在我以為自己挖到反向投資法則這塊寶的一星期後，我從同一家財經新聞台聽到，反向操作主義如今已蔚然成風。事實上，反向操作主義儼然成了一般散戶最偏好的策略。一位姓崔德威的顧問在螢光幕上宣布，反向操作主義已成主流，真正的反向投資人不再反向操作。崔德威先生說他為了避開一窩蜂的反向投資人，決定不再做與自己信念相反的事。

這意味著，為了真正做到反其道而行，我必須跟我的反向操作主義背道而馳——換句話說，在我認為金價即將上揚的時候，要買進黃金，或者在我認為債券走下坡的時候避開債券。這一來，我完完全全被搞糊塗了，什麼東西也沒買成。我拒絕了專業的理財顧問，決定自己進行研究，可是，自己的研究卻讓我的腦筋成了一團漿糊。這段期間，我的現金繼續呆坐在銀行裡，孳生微不足道的利息。

我不得不承認，我需要幫助，於是，我前往一個熟悉的地方：我家附近的號子。

8 貨比三家選券商

我曾用過許多股票營業員。事實上，我更換營業員的速率，少說比得上拉丁美洲國家的總統府人事流動率。不論就拉丁美洲國家或投資而言，承諾明天會更好的權威人士不斷改朝換代，讓人永遠抱著事情即將漸入佳境的一線希望；只不過這些人的承諾終歸跳票，最後被轟下台——由新一批權威人士取代。

我的倒數第二任營業員——名字我寧可忘記——受到一位朋友大力推薦。一開始，我喜歡這位營業員遠超過他的前任——我姊夫的營業員（這傢伙原本也滿討人喜歡，直到Ramada Inn沒有取得賭場執照）。Sykes Datatronics跟Anacomp一蹶不振以前，我的倒數第二任營業員一直很討喜。一九八二年夏天那個驚人的多頭市場時期，他老待在佛蒙特森林裡度假，等到他終於銷假上班，剛好趕上送我們在最高點進場。從那時起，我用結婚禮金買進的資產，連續數月往下探底。

一九八三年行將結束之際，這位營業員說一九八四年上半年會是很好的獲利時機，下半年則危機四伏。一九八四年過了一半，什麼好事也沒發生；回想起他的話，我開口問他什麼地方出了差錯。「我說反了，」他說，「上半年很糟糕，下半年才是好年。」到了這一年尾聲，不論哪個半年都乏善可陳，起碼對我們而言是如此。同樣的，非等到我開口詢問，營業員才肯加以解釋：當那麼多投資人利用電話下單進出共同基金，市場實在很難捉摸。

我向來沒辦法對我的股票營業員表達不滿，不論哪一位都一樣。我可以高聲斥責少找兩毛五給我的店員，數落在帳單裡多灌水幾塊錢的維修工人，可是不敢跟害我賠好幾百塊錢的營業員起正面衝突，彷彿股價下跌是我的錯。我甚至害怕打電話給我的倒數第二任營業員。股票跌得越慘，我越是雙手冒冷汗，喉嚨發緊。跟他通電話的念頭讓我直打哆嗦，更別提直接面對他。沒有一樁感情糾葛，會比客戶與股票營業員之間的關係更神經質，心理學家有必要一探究竟。我花了好幾個月，才鼓起勇氣提出分手。

那時是一九八五年。我以為我需要的，當然就是一位新的營業員。此時，全國上下總共有七萬名執業中的營業員，比我上一回被迫找營業員的時候，人數多出了一倍。在我家這一帶，倒店的電腦賣場或髮廊若非改開銀行，就是被潘韋伯（Paine Webber）或美林取代。股票明牌已經變得比披薩更方便取得，任何時間，不分晝夜。

證券營業員的激增，遠遠超過人口的整體增長率，這只能有兩種涵義：若非出現數百萬名新的投資人口，就是有一大群老投資人四處尋找更好的建議。就我個人的經驗來看，後者的可能性較大。

對營業員一無所知，卻將財產全數奉上。

過去，內人跟我是這樣挑選營業員的：我們在派對中，遇見吹噓自己從股市賺了大錢的朋友，我們跟他們要營業員的名字，隔天便驅車前往添惠證券（Dean Witter）或營業員所屬的其他公司，告訴他或她有關我們前任營業員的可悲故事，強調我們應該得到更好的服務。新營業員會很有同情心的點頭稱是，聊個十五分鐘之後，我們就把財產全數奉上。

以上一切屬實，我猜這種情節並不稀奇。那些不會拿兩塊錢冒險賭馬的朋友，會把老爸給的遺產交給美邦證券（Smith Barney）裡的陌生人。那些會花一星期工夫挑選家具翻修工人的人，會聘用第一個打電話來的赫頓證券（E. F. Hutton）營業員。為了尋找搭配的輪圈蓋而在廢車場裡兜圈子的人，會連公開說明書都沒打開就買了共同基金。總會查看白乾酪有效期限的人，卻忘了調查證券營業員的背景，他們對這名營業員究竟替客戶賺錢或賠錢、是否曾被申誡或控告，或者他入行多少年，幾乎一無所知。

還有的人，會小心保存烤麵包機那一小張保固證明，卻把他們託付終生積蓄的企業的年報丟到垃圾桶。從不對朋友、親戚或心理醫生透露自己身價的人，甚至在初次面談就對證券營業員和盤托出。

一般人用這種方法挑選證券營業員，跟他們愚蠢與否沒有關係，而是因為資產會對大腦產生痲瘓作用。投資理財的念頭本身，往往產生麻醉效果，一切重要機能因而自動停擺。

我們家這陣子任用的證券營業員，是德崇證券的理查・伯曼。和往常一樣，伯曼先生受到我們一位舊識的大力推薦，這位朋友最近從股市賺了不少。內人跟我前往他位於一棟摩登大廈的辦公室拜訪他。辦公室居於好幾層企業律師之上的頂樓，前景一片看好。我們發現伯曼先生是個矮個子，禿頭，偏好繡了名字縮寫的襯衫。他坐著，出神的敲擊鍵盤，彷彿在鑿刻神諭碑文，還不時遠眺港口，說話之間沉吟許久，製造出神諭般的玄妙效果。

短暫交換打趣的客套話之後，我們決定交出所有現金。原因有兩個：（一）我們曾用過潘韋伯、斯必李（Spear Leeds）、雷曼以及特本（Prescott, Ball and Turben），就是沒跟德崇證券打過交道；（二）伯曼先生看起來人很好。

我們還來不及記住伯曼先生的名字，他就拿到了我們的財產清單，外加簽了名的委託書，將我們的財產從前一個券商帳戶轉過來。當天晚上，我們擔心伯曼先生會拿著這些錢躲到比米尼島（Bimini）去。我們之前也煩惱過同樣的事，所以我認得這種症狀。每一次換營業員，我們總會輾轉難眠，擔心這個傢伙究竟會拿我們的資金進行投資，還是會捲款潛逃。這證明了，我們對他們一無所知。

雖然到我開始準備這趟旅程之前，我們與伯曼先生的合作不過才短短幾個月時間，他幫內人處理的投資，已展現亮麗的成績。不過，她這筆錢現在跟我沒什麼瓜葛就是了。

要是當時，我直接把錢轉給伯曼先生處理，事情就簡單多了。但問題是，我已經下決心要認真地做評估，好好挑選自己的證券營業員。悄悄的，我去找了另外幾家號子。但願我另尋證券營業員的消息，沒有傳進他耳朵裡。

瘋狂轉動鵝頸管的男人。

我的第一站，是本地的湯姆遜麥金倫（Thomson McKinnon）。走進號子大門，豁然出現一個縮小版的圓形競技場。一群老先生老太太朝著天空方向凝望，動作一致地轉頭，彷彿在觀看某種慢動作的飛靶射擊。他們看的，是用巨大英文字母標示的股價行情跑馬燈，隨著各種股票代碼一一通過，我聽到有人咕噥，「瞧瞧ＩＢＭ，我以前有這檔股票，不過後來我太太說，『脫手吧，它根本沒半點動靜。』於是我脫手了，然後它分割再分割，衝到了一百五十塊錢。」接著我聽到另一個人說，「施蘭卜吉（Schlumberger）？跌到四十塊？我在七〇年代愛上這檔股票，當初就該丟掉它的。」這是日復一日上演的散戶版《這就是你的人生》（*This Is Your Life*，一九五二到一九六一年間在美國播映的電視紀錄片系列）。

圓形營業大廳的一邊，坐著一位接待小姐。我問她接洽業務要找誰，「那就找我們的值日營業員。」她說。她說明所謂值日營業員，就是負責所有未預約業務的人。

我被引進一個鋪了地毯的交易室，裡頭人聲鼎沸，約莫三十名營業員分別坐在半面牆高的隔間裡，上空瀰漫著雪茄煙霧。接待小姐把我帶到最裡頭的隔間旁，然後一位年輕人使個手勢，要我坐上空著的旋轉椅。他正一邊講電話，一邊旋轉著椅子。什麼東西跌了八分之五點，不過顯然沒有關係，因為我聽到他說，「人們獲利回吐，所以跌了一些，不過會有支撐點，你的方向還是對的。」

當我隨著他的旋轉律動而旋轉、等待他掛上電話的時候，我的視線游移到一本打開的電話名片簿，裡頭有一張備忘錄，上頭寫著，「保守祕密；說話要慢、清晰、客氣；信心占了交易的五十%。」他突然大轉身過來，對我眨眨眼，把手放到我的膝蓋上，然後介紹自己是布萊恩・內梅羅夫；一連串動作一氣呵成。他年約二十五，是個蓄著小鬍子、身材活似保齡球的矮小男人。他一開口就像連珠砲，他說自己加入券商行列有幾個月，之前做的是男裝生意，再之前則做女裝。矮牆上掛著證券營業員訓練課程——湯姆遜麥金倫全方位財務管理——授與的證書，清楚可見。

我們數度被其他客戶來電打斷，其中包括兩通他阿姨打來的電話，她很擔心扭扭冰淇淋（Twistee Treat）。「別擔心，」他說，「很好的長期投資。今天早上讀報了沒有？狄克・戴維斯（Dick Davis，美國著名投顧專家）在他的專欄裡提到了ＴＴ。」我還聽到另一個片段，「已經六又四分之一？可動起來了。真高興你進場。」

我終於有機會請內梅羅夫先生介紹他自己過去的成就，可是他卻完全沒提到股票、債券或任何靠他的建議賺錢的客戶。相反的，他打開抽屜，給我看一張獎狀，表揚他替公司拉到最多新開的個人退休帳戶。我進一步深入刺探他的投資觀念時，他說大部分點子來自《富比士》和其他幾種財經雜誌。開發新客戶，他感慨道，讓他沒時間思考投資。

為了凸顯自己的重要性，我承認，我有稍微膨風。我告訴他，我有大約五萬美元資金。他想知道我是否屬於「成長導向」。我篤定地表示，我是百分之百的「成長導向」，假使他所說的「成長」意謂「利潤」的話。他說這的確是他的意思。然後他問我要做「短線」還是「長線」。也許是因為我沒透露我的傾向，內梅羅夫先生說他兩者並重。

「你是成長導向，」他繼續說道，「我喜歡。我大概會把你的一萬元資金放到政府公債，那會是大壞局勢裡的堅定基礎。別誤會。假如你說，『讓安全保障見鬼去吧。』我們可以做些別的事。我也會給你買一些普通股、成長型共同基金；另外，不動產有限合夥是肯定要有的，它結合了兩個世界的精華。」

我問他「兩個世界」是什麼意思？「收益與增值，」他回答，「以你的房子為例。假如說我想買你的房子，你會用四年前的價格賣給我嗎？」我說好啊，因為我家那一帶的房地產價值下跌。內梅羅夫先生一時亂了手腳，不過很快恢復鎮定。「這正是我的意思，」他回答：「有了不動產合夥，你可以領取收益，而且有更多時間讓你的投資慢慢增值。像你這種成長導向型的投資人，應該會樂見這樣的增值。」

大部分談話時間，內梅羅夫先生只給我三分之一的注意力，另外三分之一被電話占據，最後的三分之一，則分給兩個隔間之間用鵝頸管掛著的電腦螢幕。每隔幾秒鐘，他就把螢幕轉過來看看股價，隔壁的營業員再把它轉回另一個方向。

兩邊一再角力之後，隔壁的男人傾身過來，介紹自己叫做瑞克。內梅羅夫先生說，瑞克非常短線，如果我決定炒短線，他倆能搭檔服務。「買一送一，」他說。我露出微笑，這鐵定讓內梅羅夫先生以為他壓對寶了，因為他接著宣布，「你的五萬元資金當中，我們必須保留幾千塊錢，假使瑞克看到什麼好機會，就能立刻進場。」

瑞克再度陷入瘋狂轉動鵝頸管的狀態，這時，他從半面牆的另一邊宣布，已經看到了一個好機會。他問我，是否想用二十七元，買進當時市價每股三十元的德士古（Texaco）石油？我說，這怎麼可能，別耍我了。瑞克說，這不是什麼騙局，我只需要買些股票，然後同時賣出一些賣權就可以了。我告訴瑞克，我曾有買選擇權的經驗，尤其是IBM十月賣權和六月買權。

「選擇權！」內梅羅夫先生口若懸河，「我希望你做的是掩護性買權（covered call，即買現貨同時也買買權），那樣的話，風險不高，佣金也有商量餘地。我給你打八折，不是全面八折，只有一部分。選擇權，肯定給你打折。」

我看多談無益，因為我曾發誓再也不碰選擇權。我從旋轉椅起身，準備離開。還有兩個人排隊等著見這位值日營業員，這讓我得以輕易脫身。我看到內梅羅夫先生用眼角瞄了那對夫婦一眼，「隨時再來，」他說，把我送到門口。「如果有問題，歡迎你打電話過來。」就這樣，我們握了握手，我轉身離開。

那些營業員教我的事。

我從湯姆遜麥金倫轉往席爾斯百貨，添惠證券櫃檯就在香水部門與吸塵器部門之間。在這裡，我找到一位名叫勞夫的證券營業員。他看起來也在二十五歲上下，我猜他身上的西裝，八成就近在席爾斯買的。勞夫也跟內梅羅夫一樣才入行沒多久，不過最大的不同點，在於他的謙遜。他說他覺得自己不夠格推薦個股，頂多只能建議購買收益型的吉尼梅基金（Ginnie Mae Fund，專門投資不動產抵押債券的基金），以及資本增值型的添惠股息成長基金，你持有越久，付出的佣金越低。

我請勞夫從櫃檯後頭的Quotron報價機，查看德士古目前的股價。在鍵盤上瞎攪和幾分鐘之後，他承認自己還沒抓到使用Quotron的訣竅。然後他描述添惠證券營業員的遷徙模式，我覺得有趣極了。最新的菜鳥營業員從機場開始，在航班之間販賣理財服務。如果在機場表現出色，就會被派駐席爾斯百貨進一步學習，唯有當他們成功通過席爾斯這一關，才會被派駐到一般的添惠營業處。我的第七條祕訣，得歸功於勞夫：

千萬別跟機場的證券營業員買東西。

雖然我很欣賞勞夫的謙遜與謹慎，但是我知道，這兩項特質對他的事業無甚助益，於是當下把他從名單上剔除。在此同時，勞夫想必洞悉我的想法，因為他出現了驚人轉變。當晚八點，他打電話到我家，提出一檔他突然覺得自己夠格推薦的股票。「情況特殊，」他說，「Zayre百貨，每股二十七元。」在我下筆的這一刻，Zayre已經兩度分割，價值上漲到約當每股四十四元。真後悔當初沒聽他的。

步出席爾斯，我在城裡四處閒逛，希望兩天之內盡量多看一些券商。在一家美林營業處，我被引介給吉姆．克雷頓；他是個運動員型的中年男子，在市場上歷練了二十年。他不建議買絕大多數股票，因為他懷疑價格還能繼續往上攀升。對於我這樣的客戶，他建議購買努芬債券基金（Nuveen bond fund）、一些海外基金，或者幾家股息給得很慷慨的公用事業。

我不禁想著，如今沒有哪位證券營業員願意推薦股票了。絕大多數券商熱中推銷他們所謂的「商品」——共同基金、不動產信託。他們印製成本高昂的全彩手冊，介紹這些複雜的投資，厚度不遜於大學入學手冊。有些手冊的印製成本，肯定超過這些商品組合的平均價格。

其中引起我注意的商品包括「出租房產槓桿合夥」、能源收益合夥、羅瑞瑪（Lorimar）新片《力量》（*Power*）中介紹的羅瑞瑪電影公司合夥股份、澳洲債券基金，以及一個「優先期貨基金」。這些五花八門的投資機會有個共通點，那就是可觀的銷售費用，通常高達七%。不必進行全國大調查，我的個人經驗就讓我對第八條祕訣信心滿滿：

證券營業員優先推薦的商品，就是讓他賺取最高佣金的商品。

我從美林信步走到最近的潘韋伯證券，拜訪了他們的值日營業員——鮑伯．克萊。他穿著看起來價格不菲的襯衫，戴著看起來價格不菲的珠寶，品味卓越，頗有大律師的派頭。

克萊先生嚴肅看待投資的責任，我不禁以為他是慈善團體的勸募人員。他一劈頭就勸阻我購買個股，然後遞給我兩三份厚厚的手冊，描述他最喜歡的商品。其中之一是不動產有限合夥，這檔商品會讓我成為自己永遠住不起的紐約著名飯店——卡萊爾（Carlyle）的擁有人之一。克萊先生大聲宣讀普通合夥人（general partner）名單，聽來我會跟一些赫赫有名的人合夥。儘管非常榮幸，但我懷疑這些人讓我加入這麼划算的交易，究竟存何居心。

似乎每一種客戶，都有風格匹配的營業員——律師型營業員配律師、勢利眼營業員配勢利眼、老饕營業員配老饕、賭鬼營業員配賭鬼。有些營業員講起話來像計程車司機，有些則像大學教授；有些營業員的打扮活似黑手黨黨員，有些則彷彿時裝模特兒。各種營業員模仿著各種顧客的外表、言談或個性，映照出人生的各個層面。

我開始懷疑，也許我最好選擇服裝風格與自己接近，或者跟我一拍即合的營業員。雖然我寧可依據比較嚴肅的基礎——例如投資哲學——挑選營業員，但這似乎不可行。我遇見的每一位營業員都有本事在簡短的面談過程中改變態度，甚至改變他們的基本投資哲學。我最早從內梅羅夫先生身上見識到這項本事，他在不到半個鐘頭時間裡，從偏好堅若磐石的國庫券，一下子轉而推銷選擇權。告別克萊先生之後，我前往第二家美林營業處；在這裡，我再度見證了類似的一百八十度大轉向。

這家美林營業處正受到憤怒的空服人員包圍，抗議美林證券與東方航空之間的某種銀行協議。我偷偷從示威標語牌旁邊溜進去，心裡想著，這就是券商進軍銀行業惹出一身腥的最佳範例。

安全進入大樓以後，我走向服務台，要求會見值日營業員。一個在門口徘徊的男子碰巧聽到我的話，於是上前遞名片，毛遂自薦。他的名字是麥克・塔德，但請我稱呼他「米基」。

我告訴米基，我是個極端保守的投資人；剛剛拜訪過克萊先生之後，這正是我當下心情的寫照。米基對我的保守態度大表讚賞，說了幾句「沒道理隨便扔掉你辛苦賺來的錢」之類的話。

在他辦公桌旁的客椅坐下之後，我表示自己突然對選擇權產生興趣。我只是想測試一下米基的反應。沒多久，他開始訴說他新的紅色保時捷，以及他打定主意多冒險、活在當下的決定。然後他告訴我，有個客戶最近投資華納蘭茂（Warner-Lambert）七月買權，狠狠地賺了一筆。他敲進華納蘭茂的代碼，我們頭頂上的螢幕出現最即時的買權價格。「假使你懂門道的話，選擇權可以帶來驚人獲利，」他說，「你得有條不紊，不貪心，還得有扎實的研究；美林是最頂尖的。」

不過，米基跟商品期貨劃清界線──「傻子才玩商品期貨」。他覺得我會在選擇權上大放異彩，我的個性很適合。為了回敬他的恭維，我說他自己的選擇權投資，肯定做得很出色。「我？」

他笑著說，「證券營業員？這間辦公室裡，每一個營業員都被選擇權賠慘了。營業員沒法兒靠選擇權賺錢。營業員沒法兒靠任何投資賺錢，我們甚至連玩股票都賠。」

感謝塔德先生的坦承，我才得以傳授第九條實用祕訣：

千萬別買營業員自己持有的投資。

人選出爐了。

經過好幾天進出各大辦公室，我仍然沒找到完美的營業員。我幾乎決定要回頭找理查・伯曼，也就是替我內人服務的德崇證券營業員。不瞞你說，我甚至從來沒考慮培基證券的琳達・蓋瑞特。我拜訪蓋瑞特小姐的唯一理由，只是想關心一下她是否喜歡她的新工作。她原本在我們以前用的一家券商擔任祕書，好幾次回覆我的緊急電話。她最近剛從營業員學院畢業，成為貨真價實的證券營業員。

她的大多數同事都在一個寬闊的開放空間工作，毫無隱私可言，不過公司卻給蓋瑞特小姐一間靠牆邊的私人辦公室。這讓我印象深刻。此外，她以前從未穿得那麼體面。祕書時代，她看起來彷彿是蚌殼聯盟（Clamshell Alliance，反核組織）的一員，如今，她大可以躋身共和黨全國委員會。

我提起這幾點，是因為我不知道究竟是哪個因素，造就了接下來這個出人意表的決定。當我倆坐在蓋瑞特小姐的私人辦公室時，我可以看見她的Quotron報價機，上頭的股價一分一秒地上揚。這些都是她自己的選股，她說。其中一檔叫做基因技術（Genentech）的股票，在我挪動坐姿的時候上漲了兩點。蓋瑞特小姐表示，她已經替許多客戶買進基因技術。其中一位開心的客戶打電話進來，中斷了我們的談話。

第二通電話來自費城，講得比較久。我只能聽見蓋瑞特小姐單方面的內容，不過我記得這些：「店頭市場」、「化學領域」、「也許有機會簽訂政府合約」、「很可能在聖誕節前翻一倍」，以及「事成之後請你吃冰淇淋」。

「什麼事成？」我在她掛掉電話之後堅持詢問。蓋瑞特小姐解釋，那只不過是一檔小股票，她替自己跟幾個密友買的，不適合一般客戶，太投機了。她說她極不願意推銷給我。在我歷經了之前種種後，光這麼說就足以撩起我的興趣。

「多少錢？」我問。

「我最後一次看的時候是每股一塊半。」

「聖誕節前翻一倍是怎麼一回事？」（當時是十二月十二號，我已經做功課、研究、調查將近兩個月之久了。）

「我不知道，他是這麼想的。」

「誰這麼想？」

「我剛剛通話的那個人。」

她只肯透露她的訊息來源——事成之後會得到冰淇淋犒賞的人——是個消息靈通的投資人。得以攔截兩個內情人士私下交換的小道消息，何其幸運！這是一般散戶千載難逢的機會。

「你自己也買了嗎？」

「是啊，」蓋瑞特小姐說，「辦公室每個人都買了。」

這就是我一直以來尋尋覓覓的賺錢良機嗎？身體裡有一個我無法控制的聲音脫口而出：「我買五千股。」短短幾分鐘時間內，我開立了新的培基帳戶，送進五千股的訂單，然後站在停車場中。直到此刻我才了悟：（一）我剛剛不自覺地選了我的新營業員，（二）我忽略了我自己的第九條祕訣，以及（三）五千股乘以一塊半，加起來將近我全部投資資本的三分之二。把大部分雞蛋放進同一個籃子，讓我想起了羅布先生。

下了高速公路之後，我到公共電話亭打電話給老婆，告訴她我剛剛買的投資。正在撥號的時候，我突然發現自己忘了那家公司的名字，於是在她接起電話前趕緊掛掉。

9 買家的懊悔期

買了股票之後，我出現好幾種奇怪反應，我覺得有義務在此一提。誰知道呢？說不定這是常見的毛病，應該被拿出來公開討論。第一個反應就是我先前提到的，忘掉自己剛剛買了些什麼。人們在高額消費之後（例如買汽車或房子），往往會出現一段懊悔期，花錢的人會問自己：**天啊，我剛剛買了些什麼**？我的狀況不太一樣，我是真的忘了自己買了什麼。站在高速公路旁的電話亭中，我得打電話問蓋瑞特小姐那家公司的名字，好告訴家裡的老婆大人。

假如我一開始把公司名字寫下來，就不必丟這個臉了。我強烈建議大家這麼做。幸運的是，蓋瑞特小姐人很好，她笑了笑，說我買的是埃斯特朗科技（Angstrom Technologies），代碼 ATSI，是一家位於肯塔基的小型科技公司。她還提到我的訂單已經處理完畢，「我們付的」價格比她原先預期的高一些——$1\frac{15}{16}$，也就是每股將近兩塊錢。我的總花費超過一萬元，確切的說，一萬零一百四十三元一毛五。她要我開立一張這個金額的支票寄給她。

支票寄出之後好幾天，我每次試著回想，還是老忘了這檔股票的名稱。由於我的好記性是出了名的，而且angstrom（埃，光波長度單位）是常見的科學符號；我一定是罹患了之前提過的散戶失憶症，病灶就是花一萬塊錢買股票造成的創傷。

當天下午回到家，正當我向老婆大人報告的時候，我出現了第二項古怪反應。與其實話實說，我發現自己用「有前途」取代「小型」，用八千元取代實際的一萬零一百四十三元一毛五。事後看來，我無法面對全額是可以理解的。經過好幾星期的仔細研究之後，突然之間基於費城某個不知名顧問的推薦，一頭栽進把一萬零一百四十三元一毛五給某個生產不知名商品的不知名公司，是任何一個理智的人都無法承受的。不知道為什麼，降到八千塊，我的潛意識就能接受了。刪掉兩千一百四十三元一毛五，我才可以把故事說出口。

收到確認這筆交易的郵件時，我發現其中四百五十三元八毛落入中間人口袋，這讓我大感震驚。這四百五十三元八毛，比一萬零一百四十三元一毛五的花費更令我心煩；這就是我的第三個奇怪反應。話說回來，我是看著蓋瑞特小姐處理訂單的，她不過就是在一張紙上寫下ATSI幾個字，然後送到訂單櫃檯，前後只花她五秒鐘左右。也許讓顧客目睹整個過程，然後立即送帳單給他們，壓根就是個錯誤。

得知這四百五十三元八毛之後，我再度致電蓋瑞特小姐，盡可能有技巧地提起佣金問題。「必定出了什麼差錯，不是嗎？」我問她。她耐心解釋：（一）她個人只拿其中的一小部分，（二）證券公司對上櫃股票——例如埃斯特朗——的佣金費率，本來就高過紐約證交所的掛牌股票，以及（三）她已經算我培基證券的優惠費率了，儘管我是個新客戶，嚴格說來沒資格拿優惠價的。

這番話登時讓我啞口無言。她的第三個論點，讓我為了自己竟然跟她提起佣金的事，而感到十分愧疚。為了修補我們之間的關係，我主動說道，「要是擔心佣金問題，一開始就不該買股票了。」她似乎深感贊同。

要說我從這次經驗得到什麼教訓，那就是我的第十條祕訣了：

千萬別在還沒考慮佣金問題之前，買進你不記得名字的股票。

我接著發現，我沒辦法從報端追蹤埃斯特朗科技。我的公司太過名不見經傳，甚至無法在地方財經版面占有一席之地的事實，讓我深感不安，我不願讓老婆知道這件事。這促使我打另一通電話給蓋瑞特小姐。她說《華爾街日報》偶爾可能刊載埃斯特朗，她很確定《巴倫》週刊一定會報導。

因為買股票而荷包大失血之後，我拒絕花一塊七毛五買一份《巴倫》週刊，因為一塊七毛五實在太奢侈了。一個星期天，我告訴老婆，我要去買柳橙汁。那只不過是開車前往商店、翻閱當期《巴倫》雜誌的一個幌子。翻了二十分鐘後，我終於在所謂上櫃候補名單上找到了埃斯特朗。接連兩個星期天，我出門買柳橙汁，然後抱著我的股票收盤價知識回家。

那是愉快的經驗，因為埃斯特朗出現了強勁的上揚走勢。我在十二月十二日買進這檔股票，三個星期後，也就是過了聖誕節沒多久，它已漲到每股2½，讓我的一萬零一百四十三元變成了一萬兩千九百六十五元。這兩千八百元，是我賺過最輕鬆的利潤。獲利速度驚人，倘若走勢持續不墜，我猜我六個月後就會變成有錢人。我甚至給家人買了些體面的聖誕禮物，遠超過我平常的吝嗇表現。

到了此時，家人都知道了我的好運道。我替大家訂了一份《巴倫》雜誌，以便一起在家享受查閱埃斯特朗的樂趣。

我剛說了**好運道**嗎？一開始，我確實覺得幸運，不過這種念頭很短暫。我老覺得是自己技術精湛，投資信心也隨著每一次漲檔而上揚。我堅定的告訴自己，埃斯特朗是個贏家，這不就是我態度謹慎、在圖書館裡曠日費時研究終於開花結果的明證嗎？要能夠剔除乏力的機會，察覺這檔股票的潛力，並且抓到精準時機，勇敢的一往直前——在同一個籃子裡放進價值一萬塊錢的雞蛋，無疑得靠天分才行。我也慶幸自己堅持任用各方面條件都比其他數十位證券營業員略遜一籌的琳達．蓋瑞特。我忘了之前對佣金的心理疙瘩，開始認為蓋瑞特小姐與培基證券沒有拿到應得的酬勞。

蓋瑞特小姐說，不論消息好壞，她都會隨時通知我。可是我發現，我們的談話多半發生在埃斯特朗的上揚時期，也就是從十二月開始，持續進入一月期間。儘管這檔股票還沒衝上她預測的四塊錢水準，我的心情卻受到她經常提起的即將宣布的「大型政府合約」所鼓舞。她還寄給我一份剪報：出現在《汽車新聞》（*Automotive News*）的〈低成本遠景的化學關鍵〉一文。那很可能是這家公司唯一一次上報的文章。

這篇文章讓我對埃斯特朗的前景充滿無比信心。我從中得知，這家公司製造某種只能在特殊光線下顯影的化學塗料，類似在賽馬場或迪斯可舞廳出入口蓋的手章。埃斯特朗的塗料顯然已經吸引了大型輪胎公司、美國郵政局，以及香港成衣廠的注意。沒有銷售部門而能在市場上開疆闢土，尤其令我印象深刻。

再加上有一天在自助洗衣店，一份《華爾街日報》被吹落檯面，留下一張散頁，上頭**埃斯特朗**幾個大字衝著我迎面而來。說到投資，我絕不是迷信的人。我聽說有人在翻閱股價表以前，會先輕敲報紙幾次，或者有人會瞇著眼睛，賊頭賊腦地偷瞄每日報價，彷彿目擊火車失事現場；我覺得他們很愚蠢。你閱讀股價的方式，完全不影響股價的實際起伏，這我絕對再同意不過了。可是當這份偉大的美國財經刊物自動在自助洗衣店的板凳上攤開來，留下清楚可見的「埃斯特朗，出價$2\frac{1}{2}$，要價$2\frac{5}{8}$」時，那必然是個好兆頭。每股四元，似乎已是囊中之物。

要是可以跟德崇證券的理查·伯曼分享這份喜悅就好了。我還沒告訴他，我在他的競爭對手那裡另外開了一個帳戶。鬼鬼祟祟是投資人常見的舉動，我聽說有好多一般證券公司的客戶，到折扣券商那兒滿足他們較瘋狂的衝動。有些人格調之低，甚至會跑到佣金較低的嘉信（Charles Schwab），去購買美林推薦的股票。起碼我沒耍這種卑劣把戲，我變心的對象是另一個高格調券商，跟德崇一樣昂貴，毫不遜色。不過，我還是像個偷腥的丈夫，只能把這祕密藏在心裡。

10 專家的選股策略

接下來，我抱著埃斯特朗邁入新年，等待更高獲利。這段期間，我開始興味盎然地閱讀各種股市投資快訊，準備計畫我的下一次行動。每當我挑選的股票價格上揚，閱讀的樂趣也隨之升高。許多朋友給我看他們最新一期的《齊維格預測》（*Zweig Forecast*）、《市場邏輯》（*Market Logic*）和《謹慎投機客》（*The Prudent Speculator*）。我也讀了《狄克戴維斯摘要》（*Dick Davis Digest*）的試讀本，其中摘錄了其他投資快訊的精華。有一份「摘錄快訊的快訊」的存在，應該足以證明這一行有多麼複雜。

狄克．戴維斯與他的助手，在一間坐落於邁阿密海灘的辦公室裡編輯、印刷、寄發一份十二頁的雙月刊。我有一次剛好在那一帶，順道過去拜訪他。他告訴我，他原本是個證券營業員，二十年前厭倦了這一行。「我假裝自己知道所有答案，而我問心有愧。何不坦白自己並非無所不知？」在這樣的念頭下，他成了一名財經記者，開了一個最早也最成功的股市節目。之後，他開始撰寫專欄，然後創立這份有關快訊的快訊。

「就算你有心報導股市的百分之百真相，也不可能做到，」他說，「永遠有例外，有其他解釋，有矛盾之處。故事，是永遠沒有結局的。」我深有同感。快聊完的時候，他邀我參加一場在羅德岱堡舉行的投資研討會，許多著名的快訊作家都會前來演講，包括他在內。接著，他還送了我一張免費門票和媒體通行證。

財經名人雲集的盛會

研討會於一月底，在萬豪飯店（Marriott Hotel）裡頭以及飯店旁的碼頭上舉行。飯店瀕臨沿海水道，兩旁圍繞著規模足以媲美二次大戰驅逐艦的觀光遊艇。有些遊艇中，甲板上原本應該放置橡皮救生艇的地方，以繩索固定著直升機。透過船艙窗戶，可以窺見裡頭的骨董家具與平台式鋼琴。比基尼美女在甲板上做著日光浴，碼頭走到一半就可以聞到椰子油的味道。

再也找不到比這裡更能啟發人們討論投資的環境了。我回想起戴多頭先生有關達文西的話：「先想好你究竟要什麼。」在這裡，你想要的許多東西都綁在碼頭上。我還想起曾在圖書館中，讀到一本揭發券商罪行的書：《顧客的遊艇在哪裡？》（*Where Are the Customers' Yachts?*）。作者沒找到半艘屬於顧客的遊艇——而這正是他的重點所在。不過，這些豪華遊艇可是貨真價實擺在我的眼前。看著幾位衣不蔽體的比基尼女郎，以及帶著雞尾酒味的水手之後，我暗自下決心，只要負擔得起，我一定要買一艘船。

（後來，我大失所望的發現，停在萬豪飯店外那些遊艇的主人，跟這場研討會沒關係。其中有些人的財富來源……我看還是別提好了。）

飯店裡頭，大廳旁的走廊上設有二十幾個攤位，你可以從中獲取有關投資荷荷巴豆、腰果、稀有錢幣、鑽石、德國風力發電廠、石油瓦斯租賃、純種馬、紐約期貨交易所、電影放映機租賃、奇珍異品，以及股票與債券，外加「免費財務分析」、電腦交易系統等琳琅滿目的資訊。我在走廊上，無意間聽到一位參展廠商，積極招募南非投資之旅的新血，去看心滿意足的金礦老闆，以及媒體上所看不到的種族隔離政策的另一種面貌。另一位參展人，正在解釋如何計算種馬的折舊率，還有一位則在兜售癌症藥品股票和稀有金屬股票，兩人的聲音此起彼落。「你要享用開心果嗎？——這可不只是零嘴，而是千載難逢的賺錢機會！」堅果農場的召集人如此問著。

對我而言，展覽區裡最有趣的人，非麗塔．詹瑞特（Rita Jenrette）——前眾議員約翰．詹瑞特（John Jenrette）的前妻莫屬。這兩人曾經承認在國會山莊的階梯上做愛，之後，他因收賄而鋃鐺入獄，她則上了《花花公子》拍裸照。看見她坐在橋水證券公司（Bridgewater Securities）的攤位上，真是讓人又驚又喜。她看起來比照片上豐腴些，但魅力仍足以讓一波波人潮擠滿了橋水證券的攤位。詹瑞特女士為她最近出版的小說簽名，她的同事則在一旁解釋管理得當的海外債券投資組合有哪些好處。

攤位旁有個抽獎箱，你可以投入抽獎券，贏得免費與詹瑞特女士共進晚餐的機會。在投入好幾張彩券以示誠意之後，我向她自我介紹，詢問她如何開始對海外債券產生興趣。她告訴我，自從有一天教堂聚會結束，一位朋友建議她試試這一行之後，她已經通過七號考試（Series 7，美國證券營業員執照考試），成了有執照的證券營業員。她說，當營業員比當人妻好，更比當詹瑞特的老婆好。她說，詹瑞特先生有個女朋友，就住在羅德岱堡附近。「我從沒跟他要贍養費，」她透露，「那只會讓他有機會繼續操縱我，女人要財務獨立才對。」

談話結束幾小時後，橋水證券公司的一位員工跑來告訴我，我贏得了晚餐。我興奮不已，但是後來我發現幾乎每個投入彩券的人，都贏得了晚餐。橋水訂了一間特別用餐室，可以容納一大群人。他們也安排了一些特別的餘興節目，我猜大概是有關德意志馬克債券工具的幻燈秀。

我決定不跟那麼多投資人共享詹瑞特女士的陪伴，於是跑回去問她，是否可以私下聽聽她對海外債券的觀點。她說，她在橋水的紐約分公司上班，我可以打電話到那裡給她。

連續四天下午，我都去參加研討會，其他好幾百名與會者，絕大多數看起來都已經退休了。我們聽過一場又一場演講，學到有關澳洲利率、M-3貨幣供給對工業生產的重要性等等。會議空檔之間，我坐下喝蘭姆酒和可樂，同伴們則坐在塑膠躺椅上閱讀席尼．薛爾頓（Sidney Sheldon）的小說。問他們持有哪些投資，大多數人都守口如瓶，不過許多人承認，買了免稅的市府公債。我告訴我遇到的每一個人，我買了埃斯特朗。

只要一逮到機會，每個人都試圖挨到財經名人身邊，先是單純的表達敬意，然後隨著道瓊指數首度衝破一千五百五十八點，紛紛露出貪婪的崇拜。見到這麼多我在電視上看到的專家和快訊發行人，讓我興奮不已。託這些節目的福，這些曾經沒沒無聞的顧問如今廣澤數百萬名一般散戶，有時甚至用他們的預測左右整個大盤。不久前，喬瑟夫．葛蘭碧（Joseph Granville）的一個賣出訊號，導致道瓊指數大幅下挫，程度不輸一九二九年的黑色星期四——也就是所謂大崩盤的那一天。

就在我的一個營業員決定追隨葛蘭碧先生之後，不久葛蘭碧先生的預測便開始失靈了。所以還好，葛蘭碧先生並未出席。其他與會露臉的人包括：自稱「零煩惱投資先生」的伯特．多曼拉米瑞茲、「別太瘋道瓊先生」史丹．溫斯坦、「相反意見先生」諾曼．佛斯貝克、「沒人知道市場走向先生」查爾斯．艾爾蒙、「在砲聲隆隆時買進先生」馬克．史賓格勒、「修正十％先生」羅伯特．尼克森、「注意美元走弱先生」雷．達里歐、「生命不過是一陣波浪先生」羅伯．布雷希特、「小精靈先生」羅伯．努洛克，以及「遭低估先生」艾爾．法蘭克。此外，德崇證券負責人、有「肥仔」之稱的I．W．伯恩漢也在午餐時間現身，他告訴大家，今年會是股市豐收的一年。

會議之間以及晚上的雞尾酒會上，有免費的開胃菜和熱狗麵包隨便我們吃。盛滿盤子之後，我潛伏到這些理財名人後頭，朝他們的方向豎起耳朵，以便聽清楚他們在說什麼，尤其是他們彼此之間的對話。我偷聽到多曼拉米瑞茲預測，道瓊明年會攀升到兩千點；艾爾蒙和尼克森則擔憂前景；

溫斯坦見到「短期震盪」；佛斯貝克則持樂觀態度。達里歐要某個人「注意cap利用率」——天曉得那是什麼意思；史賓格勒則告訴某人「壞消息都在香港」。偷聽這些專家說話，效果跟收看他們在財經節目上的談話一樣——我聽得越久，心裡就越糊塗。

在正式演講時間裡，聽眾希望從演講人口中聽到明牌，可是，演講人往往寧可教大家方法。這讓我想起一句諺語：「給人魚吃，不如教人捕魚。」我很遺憾的說，我們許多人等著吃魚，對捕魚壓根兒不感興趣。演講人似乎也很清楚這一點，他們刻意壓住明牌不報——直到演講行將結束之際。這的確吊足了胃口，讓我們乖乖坐在位子上。

技術面派vs.基本面派。

關於他們所說的，選股所需要的先見之明與深謀遠慮，讓我大為佩服。事實上，兩大選股陣營之間，多年來因為教義歧異而引發的激烈爭辯，絲毫不遜於你在道場或教會聽到的辯論。這兩個敵對陣營，分別是「技術面派」與「基本面派」，兩派都有相當人馬出席這次研討會，而我發現，兩邊少數幾項共識之一，就是：在你選邊站之前，你不該靠近股市。

從我蒐集的情報看來，技術面派相信，要預測市場的未來走向，最好的辦法莫過於從市場本身的表現來進行分析。他們運用圖表研究市場表現，所以又叫做「線圖派」。你可以從他們費勁的搬來、然後發給聽眾一大疊圖表，辨識出這些線圖派人馬。線圖派會反覆分析道瓊曲線，以及財經版上被我們這些閒雜人等誤認為插畫的圖表，以便預測曲線的下一回上升或下降。

任何可以用曲線表示的東西，線圖派都可以解讀，不見得是道瓊指數，也可以是個股、豬腩、利率或運輸倉儲指數。我數度目睹他們的能耐，他們拿出圖表，迅速瞄一眼波浪曲線，說些像是「這一檔準備要觸底反彈」，或者「這一檔要跌落移動平均線」，或者「這種頭肩排列型態鐵定是災難跡象」之類的話。

線圖派甚至不必知道公司的名稱或商品，就能告訴你這檔股票是該繼續持有還是逢低買進、是否出現雙重頂、是否正在被拋售或進行盤整、是否已經觸到谷底。跟他們談過之後，我學到了股票週期可分四個階段：盤整、加碼、賣出、恐慌平倉，而只要給線圖派一張圖表，他可以立即看出這檔股票到了哪一個階段。甚至，還有一種圖中之圖，顯示基本趨勢如何跟眼前的狀態背道而馳，而這，正是線圖派時時刻刻戒慎小心的「背離」現象。

閱讀圖表是一門古老的技術，儘管沒人知道始祖是誰，以投資為目的的圖表分析，至少有兩百年歷史了。早在一八四〇年，股票繪圖就已風行美國。在華爾街還被幾位神祕的巨亨——例如德魯（Daniel Drew）與范德比爾特（Cornelius Vanderbilt）等——控制的年代，散戶得靠圖表，才能看出哪些股票被這些大亨哄抬或摜壓。

如今，神祕的巨亨們被「市場派」取代，圖表技術的盛行更勝以往。圖表越來越常出現在報章雜誌和電視節目上，隨便一部電腦都可以製作圖表。近年來，越來越多人皈依線圖派，紛紛研究投資人心理、每日交易量、上漲股票與下跌股票比率，及其他種種線索的技術面訊號。

研討會中有許多著名的線圖派與技術面派人員，包括史丹．溫斯坦（Stan Weinstein），以及最有名的小羅伯．布雷希特（Robert Prechter, Jr.）；我在游泳池畔逮到了機會硬纏住他。布雷希特先生大約三十出頭，臉上還未出現任何波浪形線條。事實上，他有著天使般的臉孔，而且據他的許多朋友與愛慕者所言，他的個性也一樣可愛——當他答應受訪時，我也深有同感。我們一同坐在露天座位，身旁圍繞著他的許多粉絲。

布雷希特先生告訴我，他畢業於耶魯大學，順理成章進了華爾街，不過在更早前，他偶然發現一個叫做艾略特（Elliott）的人所做的一份費解且被人遺忘的研究。艾略特先生把股市的一切變動，簡化成一系列波浪，類似物理學中的光波。在此同時，他順便把人類歷史上的一切戰爭、蕭條、瘟疫、屠殺、征戰、移民與其他重大事件，簡化成一系列波浪。艾略特先生用這些無垠的曲折線條，來解釋我們這個星球遠自亞述時代迄今的種種事件，外加預測從現在到世界末日之間的一切未來。

布雷希特先生深感著迷，持續不懈地研究艾略特先生。雖然他無從證實波浪是否擊潰了匈奴王阿提拉或拿破崙，可是他在一九七五年的某個星期，嘗試利用波浪理論預測道瓊運輸指數的每日收盤行情。很高興的，理論奏效了。遺憾的是，艾略特先生在一九四八年過世，布雷希特先生無緣親炙大師的教誨，不過他找到當代的艾略特信徒——佛洛斯特（A. J. Frost），後者傳授他理論中的精微之處。自此之後，布雷希特先生便將生命奉獻給波浪。他從位於喬治亞州甘茲維爾市的辦公室發行《艾略特波浪理論家》（*The Elliott Wave Theorist*）快訊，追蹤投資市場。

想笑就笑吧，隨便你，我還是得說，布雷希特先生的預測經常帶有先知的味道。根據《赫伯特金融文摘》（*Hulbert Financial Digest*，赫伯特的《文摘》名聞遐邇，致力於評估各種投資快訊；這是這一行變得多麼複雜的另一明證），就投資建議的獲利率而言，在上百種彼此較勁的投資快訊當中，布雷希特先生的快訊經常名列前五名。

我問布雷希特先生，一般散戶目前是否有機會獲利，他說他持懷疑態度。「真要說什麼的話，只能說大眾心理越來越容易被看穿。人們以為共同基金能保護他們，可是到最後，不論他們自己投資或透過基金經理管理，都沒有太大差別。」（我提醒自己，要去了解共同基金。）他對我個人的良心建議，是把錢放在銀行，同時更努力工作；他稱之為「投資自己」。

他從未聽過埃斯特朗，但是他給我看他為大盤未來走勢製作的最新波浪圖。我們目前處於五波段股市週期中的第三個迷你波段，很快就會出現一波小跌走勢，不過布雷希特先生說，這個下跌波不會持續太久。小跌以後，股市會開始一次驚人上揚，道瓊工業指數幾乎直衝三千四百四十點的頂點，然後就會大幅下跌，情況比大崩盤嚴重，也比一九三〇年代嚴重，股價將徹底失去支撐能力。

我要感謝布雷希特先生，為我提供了第十一條祕訣：

在道瓊衝上三千四百四十點以後，立刻退場。

跟線圖派大師告辭以前，誠實的個性讓我不得不提一下，根據科學證據，閱讀圖表跟閱讀鴿子翅膀或豬膀胱一樣，根本毫無用處且不可靠。我是從敵對的基本面派陣營聽到這個說法的，據他們說，著名的十九世紀法國數學家路易斯・巴契里耶（Louis Bachelier）已經明確證明，統計模式絕不會重複，除非事出偶然。看樣子，這個隨機漫步假說（Random Walk Hypothesis）應該能十拿九穩地終結線圖派，一如巴斯德（Pasteur，著名法國科學家）終結妖精傳說。不過，實際上並非如此。

一位要求匿名的線圖派強烈抨擊者，給我看一本一九〇六年出版的書，書名叫做《投機陷阱》（*The Pitfalls of Speculation*）。即便在那個時代，作者已經提出警告，表示圖表是「靠不住、虛假不實且非常危險的」。最近，一位耶魯教授再度證明，曲線過去的波折跟未來走勢毫無關聯。線圖派繼續把這類反對聲浪斥為不切實際的純理論，一笑置之。

與會的基本面派陣營對於線圖派人士倒是非常包容，雙方人馬在自助餐排隊隊伍中水乳交融。基本面派人士完全不在乎圖表和波浪曲線，他們看重的是企業盈餘、經濟面，以及真實世界中會對投資產生影響的大事件。

謹慎投機客的本益比原則

我接著纏上的一位基本面派人士，是艾爾．法蘭克（Al Frank）。他是個大塊頭，穿著用細繩綁住褲頭的紫色褲子，有著侏儒般的古怪相貌，看起來很羞怯，滿討人喜歡。我曾經好幾度看他在電視上道歉，說些「市場把我搞糊塗了」之類的話。我都還沒來得及跟他握手，他就開始為自己的口臭致歉，他說，他在飛機上沒找到時間刷牙。

我把他拉到一旁，邀請他一塊兒吃午餐，聽他訴說他的不凡經歷。他擁有「美國研究學」的碩士學位，原本是個教授。一九七〇年代初期，他開始在閒暇時管理一個價值幾百塊錢的投資組合，發現自己成績斐然，於是到了一九七七年底，他在帳戶放入八千塊錢，另外融資八千塊錢，矢志要在投資上大展拳腳。一九八二年，他辭去工作，全心全力投入投資事業。

剛好跟布雷希特先生的建議相左，法蘭克先生破釜沉舟地，斷了自己的事業，把未來希望全數繫在他投入股市的幾千塊錢上。我告訴他，我最近做了跟他如出一轍的行動，這點，讓我們惺惺相惜。不同的是，法蘭克先生的投資組合如今已增值到一百二十萬美元。

法蘭克先生提醒我，這些年來，他先後挹注幾十萬元資金進入帳戶——所以他不盡然是一步登天；而且，他花了十年時間才達到一百二十萬元。雖說如此，這樣的獲利仍然很了不起，正是我希望為自己做到的。他告訴我，奮鬥到了半途，他開始興辦快訊，解釋他的方法並且追蹤成果。他本來打算把這份快訊定名為《小氣投機客——投資雙週快訊》，後來簡化為《謹慎投機客》。

迄今，《謹慎投機客》已吸引了為數可觀的追隨者：好幾千名訂戶每年花一百七十五元訂閱。法蘭克先生送了我幾份試讀本，這是我所見過，唯一會引述羅勃・拜倫（Robert Byron，英國旅遊作家），或塔西佗（Tacitus，西元一世紀羅馬史家），或吉卜齡（Kipling，英國詩人作家）的市場快訊。根據《赫伯特金融文摘》所述，這份快訊連年登上投資建議獲利率的前五名。

至於有關法蘭克先生的魅力、真誠與謙遜的名聲，我完全心悅誠服。當我恭喜他運氣不錯，他立刻提醒我，運氣是會轉變的。我問他，我是否應該訂閱他的快訊，他警告我，「選對涵蓋所有市場的投資快訊，並不比選對一檔股票容易。」他說了許多詭異的話，例如「也許我很偏執」、「提防無用的廢話」、「我對邏輯荒謬的人有股難以理解的欣賞」，以及「我從來沒強暴過別人」。

最後一句話，是在他邀我進入他的房間之前說的。他答應到房間裡對我傳授基本面派的信念，我非常高興地接受邀請，正當我落坐房間後方的椅子、法蘭克先生四仰八叉躺在床上時，電話開始鈴鈴作響。在我拜訪過程中，電話鈴聲從頭到尾響個不停。這些記者真是的，為此，他迭聲道歉。

法蘭克先生接受採訪時，我翻閱一本厚厚的帳冊，那是他目前持有股票的紀錄，以及他一百三十家左右的持股的市值。我可以從日期看出，許多股票都是多年前買進的。「買入並持有」是他的基本面派信條之一。

我瀏覽A開頭的企業名單，很失望沒看到埃斯特朗，不過我找到埃姆法斯克實業（Amfesco

Industries），這是拼法最相近的公司。「埃姆法斯克是做什麼的？」我在法蘭克先生掛斷電話之後問道。「誰在乎？」他說，一邊在床上跳著。「我從來不記得這裡面的半數企業是做什麼的。」據他的說法，只有門外漢才會因為喜歡賀喜（Hershey）巧克力而買進賀喜股票，或因為自己開速霸陸（Subaru）汽車而投資速霸陸，或基於企業名聲而選擇任何一檔股票。這讓我對於自己先前老記不住「埃斯特朗」這四個字，稍感釋懷。

法蘭克先生對線圖嗤之以鼻，不過他坦承，自己有些朋友是線圖派。與其浪費時間在波浪曲線上，他寧可研究「價值被低估的企業」的盈餘報告，然後買進它們的股票，等待企業股價「充分反映價值」。我請他用白話解釋，他說，「找到市價兩毛，不過你知道它價值一塊錢的東西。用兩毛錢買進，然後等著賺進你的一塊錢。」

「你怎麼知道這樣東西值一塊錢？」我問，心想他會不會叫我去學微積分。還好，根據法蘭克先生所說，基本面派的選股方法其實很簡單，白痴都學得會。重要數字——例如盈餘、營收和帳面價值——全都可以在你我丟到垃圾桶的年度報表中找到。法蘭克先生竟然真的去翻這些報告，更確切地說，他尋找「市價是盈餘的十倍以下，市值營收比大約二十％，而且市價比每股帳面價值便宜的股票。這種便宜貨最近已經很難找了，不過也不是不可能的事」。

在法蘭克先生的數字當中，最重要的莫過於本益比，也就是P／E。分析本益比有一個好處，就是可以從報紙的股價表上看到這個數字。要了解本益比，法蘭克先生說，首先必須明白，公司的

「盈餘」不等同於「股利」。企業也許會宣布完全不發股利，但倘若這家公司賺很多錢，股票仍會有很好的本益比；企業也可能宣告發放高額股利，但若只有薄弱的盈餘，那麼本益比就很差了。為了挑揀股市的便宜貨，法蘭克先生不重視股利，焦點集中在盈餘。

股票本益比的算法很簡單，只要拿當前的股價，除以每股年度盈餘就可以了。假設股價是每股十元，而公司該年的每股盈餘是一塊錢，那麼本益比就是十塊錢除以一塊錢，也就是十。相對於股價，企業賺的錢越多，本益比就越低；本益比越低，這檔股票就越划算。法蘭克先生偏愛本益比低於八的股票，不過，這個條件也不是完全沒有商量餘地。

你可以拿任何股票的本益比，跟同類股票的本益比進行比較，藉此決定哪一檔股票最划算。另外，你也可以計算大盤的整體本益比——這是判斷大盤整體走勢的良好指標。當投資人態度樂觀，願意付的股價越竄越高，大盤的整體本益比就跟著飆升。當投資人態度悲觀，本益比降至低點，幾乎每一檔股票都成了便宜貨。這就是一九七四年發生的狀況，就在我為了即將臨頭的經濟蕭條而心焦如焚時，法蘭克先生正忙著買進數以千計的股票，現在，那批股票的價值已經翻了三倍、四倍或六倍。

在我跟他談話當時，股市大盤的整體本益比徘徊在十四左右，屬於中間偏高，還能撈到幾檔便宜貨。法蘭克先生說，在多頭市場初期，例如著名的一九二〇年代階段，一直到大盤整體本益比衝到三十，大夥兒心滿意足之後，市場才達到頂點。基於這點及其他種種因素，他確信市場還會繼續攀升，道瓊也許可以站上三千點，不過他不願意替布雷希特先生的三千四百四十點背書。

法蘭克先生的低本益比原則，只是整個基本面派的一個支脈。有些基本面派人士毫不在意本益比，有些人投資成長型股票（往往是本益比高達八十的新公司），期望這些公司日後會湧出驚人盈餘；有些人看股利選股；有些人購買所謂週期型產業的股票，然後在每一次的景氣尾聲脫手；有些人為了資產價值而買股，通常涉足於不動產、石油或金屬市場；有些人偏好重整中的企業，冒險一搏；有些人則買進即將倒閉的企業股票。

基本面派與線圖派之間想要和解，似乎是遙遙無期的。雙方都認定，投資人應抱持某種信念——不論是資產價值或本益比、頭肩排列型態，或者上升下滑線；而且，投資人應該找個理念相投的營業員。愛讀線圖的營業員，無法替基本面派的投資人服務；線圖派投資人的營業員如果只會根據低本益比買股票，情況同樣糟糕。

要是我早點兒知道這點，就可以向營業員提出這個基本問題：請問，你是線圖派或基本面派？不過話說回來，這也許無關緊要。根據我前面提到的經驗，我猜想，絕大多數營業員在摸清楚客戶的偏好以前，都會宣稱自己既深諳圖表分析，也信奉基本面。

假如硬要這些營業員選邊站，他們八成會倒向基本面派。顯然，做個基本面派人士，比較容易解釋虧損。那些重創股市的大事，對線圖派而言比較棘手，他們要不就是承認圖表有誤，要不就是承認自己錯誤解讀線圖，兩者聽來都得怪他們。但是，基本面派營業員就輕鬆多了，他們可以說，

「你的股票下跌，是因為它的基本價值還未受到市場肯定。」

雖然我從未要求蓋瑞特小姐表態，倒是數度打電話給她報告研討會的情況，並跟她索取一些資訊。好比說，跟布雷希特先生會談以後，我要求她寄來埃斯特朗的圖表，她說她沒有圖表，不過會試著弄到手。離開法蘭克先生的房間後，我再度打給她，詢問埃斯特朗目前的本益比，她說她沒辦法當場回答，不過會試著搞清楚。在「非常高」和「非常低」之間，她猜它的本益比應該「非常高」。

不同於法蘭克先生的價格低估股，高本益比會讓埃斯特朗躋身新興的成長型股票。雖然我曾經一時受到法蘭克先生動搖，不過離開羅德岱堡時，我確信，高本益比的新興成長型模式，才是真正有道理的模式。

令人寢食難安的埃斯特朗

我原本希望到了此時，就能做出第二筆成功的投資，不過，目睹專家們歷經了種種紛擾，最後仍是眾說紛紜，毫無共識，我自己都失去把握了。況且，就在我從研討會中，弄清楚自己選擇埃斯特朗的基礎之後，這檔股票幾乎立刻開始下滑。又是一個可悲範例，證明了一知半解有多麼危險。

二月初，股價從$2\frac{3}{4}$的高點，一日之內下滑到$2\frac{3}{8}$，大跌了十％。難道，這是因為很多人突然在這時候，發現埃斯特朗不是一家成長型企業？

我向蓋瑞特小姐透露我心中的不安，她說她會去問問她在費城的消息來源——那位一開始推薦埃斯特朗，並且一路追蹤這檔股票的人。我還是不知道他的名字，只聽過蓋瑞特小姐說他很厲害。她回電給我，轉述他的說法：下跌是因為「整體市場狀況」，另外，「聰明的投資人還沒跑」，因為聽說埃斯特朗即將宣布一筆大訂單，聰明的人顯然認為這是真的，只有傻傻的散戶會在這時候賣出。

「聰明的投資人還沒跑」這句話，居然能把證據確鑿的失敗跡象（例如下滑的股價），扭轉為成功的訊號，實在是匪夷所思。顯然，散戶照樣在跑，因為埃斯特朗繼續從$2\frac{1}{4}$跌到$2\frac{1}{8}$，讓我回到熟悉的「損益平衡點」。到了二月底，根據月報，我的五千股，價值九千六百八十七元五毛，使得我帳面上賠了四百五十五元七毛五。依我看，不跑的聰明人越來越少了。

我堅守這檔股票的決心，受到越來越多散戶落跑的考驗。我把通過時間磨礪的投資法則再拿來重溫一遍，試圖從中找到慰藉：「要有耐心，切勿驚慌，千萬別太早脫手。」我實在太焦慮了，於是溜進附近的低佣金券商——迪斯康證券，到櫃檯上的Quotron報價機，敲進埃斯特朗代碼，這樣呢，我就可以天天看著股價下滑。

埃斯特朗每創一個新低點，我就致電蓋瑞特小姐（我發現，她再也不主動找我了），她會打電話給她的消息來源，然後回覆種種最新消息，例如「大訂單延期了」、「公司內部的紛爭很快會解決」、「市場持續走弱」，以及最振奮人心的「加百列很可能買進」。

馬利歐・加百列（Mario Gabelli），又名偉大的加百列，是著名的熱錢投資大戶，《巴倫》雜誌經常提到他。加百列的消息，說穿了不過是另一則謠言，但我還是因此士氣大振。如果加百列先生看中埃斯特朗，勇於跟愚蠢的散戶逆向而行，我也應該從善如流。蓋瑞特小姐還告訴我，她自己，還有她的同事，都沒有賣掉手中的持股。

不過緊接著另一通電話，開始讓我不安起來。蓋瑞特小姐說，股價之所以會跌，是因為「賣家多於買家」，但當我凌晨三點為了埃斯特朗無法成眠時，我突然發現，這種說法狗屁不通。畢竟，有人賣出一股，就會有人買進一股——交易一方的人數，怎麼可能超過另一方？

我費了好幾個鐘頭反覆思量，直到天亮，我得承認，我壓根不明白股價為什麼上升或下跌。你可能以為，我這會兒應該已經有所體悟了吧？你以為任何一個散戶都能解釋這麼簡單的事情，是吧？我問過幾位朋友，他們同樣腦筋一片空白。羅德岱堡的投資研討會中，他們從未討論股價的機制。數以百萬計的投資人雖然買進了股票，卻對自己為什麼付這樣的價錢毫無概念。為了他們，也為了我自己，我決心解開這道謎題。

股價爲什麼上漲或下跌。

我回到圖書館去找資料，遇見先前提到的可憐人，他自稱班尼斯特。班尼斯特先生告訴我，他平常在星空下找尋棲身之所，最好有長椅可躺，等待哪個好心人給他一點創投資金，讓他可以拿去買東西吃。我投資了幾塊錢給他，然後問他，是否明白股價為什麼上漲或下跌。出乎我的意料，他居然有答案：

「就像拍賣會，老兄，你就這麼想。參加過拍賣會嗎？沙發、椅子，隨便什麼東西，賣給出價最高的人。股票也是一樣，差別在於，在股市中，同一件東西被一而再、再而三的買進，然後被一而再、再而三的賣出。」

告辭了班尼斯特先生之後，我找到好幾本書，或多或少確認了他的說法。我試著把股市比做拍賣會，想像我的埃斯特朗發生了什麼狀況。我以每股$1\frac{15}{16}$元買進，當時必定有一大群買家，賣家不多。某個急切的買家必定把出價提高到兩塊錢，這一點點利潤，誘出了一些賣家，但仍不足以滿足所有買家，直到最後，一個急切的買家把出價提高到$2\frac{1}{16}$。而這$2\frac{1}{16}$的價格，又吸引了更多賣家，不過供給量必定很快耗盡，因為後來的買家把出價提高到$2\frac{1}{8}$。同樣情況一再上演，直到股價衝上最高點的$2\frac{3}{4}$。

而這時，賣家們十分樂意放棄他們的持股，換來每股$2\frac{3}{4}$元的現金，可惜，買家消失了。最焦急的賣家，得把價錢降到$2\frac{11}{16}$，才能吸引下一個買家；其他賣家看到無法繼續以$2\frac{11}{16}$成交，願意把價錢殺到$2\frac{5}{8}$。這個價位的買家消失以後，有人開價$2\frac{9}{16}$要賣。同時間，原本拒絕在$2\frac{3}{4}$脫手的埃斯特朗股東，被下滑走勢嚇壞了，開始用更低的價格拋售。

當價錢跌落谷底，以至於沒有人願意賣出時（我希望這種情況趕緊出現），新買家將被迫提高出價，以便引誘新的賣家。走勢從此逆轉，股價開始往上爬。

我登時豁然開朗，「賣家比買家多」這句話，只不過意謂以目前市價，願意賣的人多，願意買的人少。我要是能跟埃斯特朗的準賣家接洽，說服他們相信，一筆大訂單正在運作當中，他們也許肯停止下殺價格。我要是能找到當初賣我五千股的人，把我知道而他們不知道的事情說出來，他們也許肯回頭買進這檔股票。

我發現，股票與債券交易，是買賣雙方無法直接接洽的少數幾種買賣之一。買賣汽車、家具、房子、衣服、首飾、棒球卡或其他一般商品，人們都可以面對面討價還價，買方可以問賣方出售的理由，賣方也可以當面解釋。證券交易，為什麼不能如法炮製？是什麼因素，阻止我們拿出保險箱裡的股票，跟音響和溜冰鞋一起擺在家門口的攤子上，插上厚紙板招牌，寫著：「僅此一天，一百股ＩＢＭ，每股$135\frac{7}{8}$」，或者「通用汽車特價，五毛錢折扣，每股六十五元」？是什麼因素，阻擋我們載著股票上跳蚤市場，拿它們交換滑水板，或者乾脆現金交易，省掉給營業員的佣金？

我越想越興奮，於是，趕緊打電話給證管會的紐約辦事處，詢問透過車庫大拍賣出售我的持股是否合法。電話轉接到一位名叫羅伯特．安東尼的熱心律師手上。「沒有人阻擋你，」他說，「前提是，你只能偶一為之。假如你幹上癮了，開始把買賣股票當做一門生意，那就必須辦證券交易商的事業登記。實際情況就是如此。」

在我進一步籌畫之前，我看到《巴倫》雜誌的一則電視廣告，雜誌編輯在廣告中表示：「你買進股票，深信價格即將上揚。問題是，賣股票給你的人，卻深信價格即將下跌。」我當下明白，我的構想畢竟不切實際。因為，假如我跟埃斯特朗的賣家面對面接觸，他們八成會說，這家公司根本連銷售部門都沒有，根本不會有什麼大訂單，然後我們會吵個不休，得不到任何共識。如果有共識，那就永遠不會有人要把股票賣出了。

舉例來說，假如我要把我的埃斯特朗股票賣給你，你會想知道原因。如果我是個誠實無欺的人，我會告訴你，我認為它的本益比不理想，或者，它的圖表看來糟透了，不論如何，都會打消你買它的念頭。「我膩了」，或者「我每兩年就要改變一次」，或者「我要搬家」這類用來賣車、賣房子或家具的藉口，在股票交易中派不上用場。汽車或房屋買賣，有可能是買賣雙贏的交易，在股票交易中，只有一個贏家和一個輸家，而且輸贏立刻分曉。

也許，正式的股票市場——紐約證交所等等——存在的唯一理由，就是要阻止買賣雙方直接接洽，否則就沒有人願意買賣股票了。也許那就是股票買賣雙方各自委託專業營業員詮釋狀況的理由，以便讓我的營業員告訴我「聰明的人還沒跑」，而賣方營業員能同樣有說服力地，恭賀他的客戶「終於賣掉了」。

半夜胡思亂想，都要鑽到牛角尖去了。既然到目前為止，我對股市的理解，都來自二手傳播，我決定動身前往華爾街，用自己的雙眼實際見識見識。

II 散戶流浪到了證交所

我在隆冬季節啟程前往紐約，那是一九八六年二月底。原本指望到了這個時候，我的帳面利潤應該可以讓我住得起中央公園南大街上的Plaza大飯店，不過迫於現實，我只能跟朋友分租他在九十六街的一間空公寓，他意思意思收我一點房租。我本來打算買件Burberry的外套，結果只在二手店買了件五塊錢的喀什米爾毛衣，只要不直接對著光線，幾乎看不見蛀蟲咬的洞。我安慰自己，我很快就能置身散戶夢寐以求的第一手資訊中，馬上就要發財了。

計程車太花錢，我決定搭萊辛頓大道線地鐵進城。每過一站，乘客的外表就更光鮮亮麗些，最後只剩穿著剛送洗過的Burberry、提著完美無瑕的公事包、讀著《華爾街日報》的乘客。到了華爾街站，他們蜂擁而下，我跟在後頭。

出了地鐵，仍在地底下，我們行經訴說股市歷史的玻璃展示櫃。我停下腳步細細品讀，造成了小小的交通堵塞，幾句咒罵朝我的方向發射過來，我置之不理，繼續閱讀。文中印證了最早的投資人，購買的是獨立戰爭債券，這些戰爭債券及其他最早的股票，都是在華爾街的咖啡館與樹下進行交易的。聽起來，證交所是以跳蚤市場的形式起家，要不是證券營業員決定組織化，大可以繼續這麼下去。券商先驅們擬定了堪稱華爾街大憲章的「梧桐樹協議」（Buttonwood Agreement），這是他們對「確定基本佣金費率」這項基本人權的捍衛，具有重大歷史意義。

「梧桐樹協議」簽署於一七九二年五月十七日，證券營業員大大鬆了一口氣。從此，他們搬離華爾街六十八到七十號前、梧桐樹下的戶外跳蚤市場，進駐好幾間暫時的室內場地。一八六三年，紐約證交所正式開幕。一八六七年，第一台股市行情報價機安裝完成。然後在一八八六年十二月十五日，證交所出現了第一個百萬股交易日。

我還沒來得及一一抄下筆記，就聽到卡在我後頭更多不耐煩的人發出的咒罵，因為又有兩三班地鐵到站，吐出了數百名拿著《華爾街日報》的乘客。我終於加入人潮步出階梯，踏上冷冽的人行道。

如果你看過一些基本介紹，想必你已經知道赫赫有名的華爾街，其實是一條狹窄彎曲的道路。我聽說原本真的有座牆（按：Wall Street的原意即為「城牆街」），用來阻擋野狼、土匪，或其他企圖惡意侵占的敵人。後來不再需要這樣的保護，牆也就拆了。從最近的財經新聞來看，你會以為那些土匪、野狼和企圖惡意侵占的敵人，根本早就在城牆之內。

這條彎曲道路的一端是三一教堂和墓園，另一端是東河。在這兩端之間，大批金融人員急忙趕著上班，摩肩擦踵，彷彿推擠前進的賽馬群。我想，其中不知道有幾個是我大學時代的朋友——那些曾經被我譴責要錢不要幸福、如今年薪超過三十五萬美元，而且顯然沒有為此痛苦的人。我從報紙上得知，其中一個這樣的老朋友，約翰．布林（John Brim），被任命為這條街上一家重量級投資公司——所羅門兄弟的執行董事。我要是曾寄出幾張聖誕卡，或者保持一點聯絡就好了，這樣至少能有一個藉口，去探一探他的百萬元頭腦。

到頭來，我在華爾街接觸的第一個人，是在布洛德街口、紐約證交所大樓外擺糖果攤的安納托利（不知什麼原因，整個金融區到處都是糖果攤販）。安納托利來自俄羅斯，原本是個機械工人，他說靠著賣水果軟糖給百萬富翁，一天可以賺進二十五塊錢。「有沒有聽到什麼明牌？」我問他。安納托利咧嘴微笑，我可以看見他拿來做通膨避險的金牙。「沒有明牌啦，」他說，「沒有明牌。」他強調自己這輩子從沒買過股票。給他點時間，他才來這國家兩年，剛開始學英文，很快的，他就有能力閱讀財經報紙。

在安納托利後方，我看見許多男男女女徘徊在證交所大樓的側門外。他們穿著彩色的實驗室夾克，口袋上別著偌大的塑膠識別證。這些人很容易被誤認為化學家或工友，其實他們是證交所交易廳裡實際買賣股票的交易員。我向他們討教選股，可是他們不肯回答，也許是被下了禁口令。

紐約證交所的外觀，可以媲美密涅瓦神廟。這絕非一般華麗俗氣的商業大樓，而是以白色花崗岩打造而成的樸實聖殿。希臘式廊柱上方有個讓人眼花撩亂、非比尋常的畫面，我把它畫了下來。中間是一位長著翼狀耳朵的女士，在她後頭，兩個赤身裸體的男子瞪著幾個小寶寶；右邊的裸男旁，站著全身穿戴整齊的清教徒女人；左邊的裸男，則籠罩在一個手持巨輪、同樣衣著整齊的人的陰影下。後方角落裡，另有兩個裸男全神貫注於西洋棋之類的遊戲；前方角落裡，另一組類似的搭檔似乎正準備縱火。實在很難判斷這整幅畫面是為了展現投資的危險，或者只是一群已達成財務目標的天神投資客。

進了公共出入口，電梯送我直達三樓的訪客展覽廳。展覽廳從地板到天花板都鋪著紅毯，讓人聯想起保齡球館內的托兒中心，或妓院裡鋪滿軟墊的性虐待室。有教育意義的展覽品，嵌在直幅壁毯上。我仔細研究每一張老照片，按下每一個啟動錄音訊息的按鍵。其中有兩句忠告，讓我銘記在心：「投資之前，先確定自己保留了應急的家用錢。」以及「根據事實買賣，切勿聽信明牌或謠言。」

回顧歷史，紐約證交所對於股市不牢靠的過去，倒是坦承不諱。在過去，造謠者、設誘者和共謀者聯手拐騙一般散戶，榨光他們的財產。至於現在，證交所就樂觀多了，它表示，諸多大刀闊斧的改革業已落實，大大提高了散戶賺錢的機會。「投資，」一段錄音訊息這樣說：「已經從快速致富的把戲，轉變成提供長期保障的儲蓄導向工具。」

越過教育展覽廳，頭頂上方有一個大型報價機，跟我在地方號子裡看到的類似。一群遊客凝神佇立，朝著天空的方向敬畏地看著，我加入他們，在產生股票報價的建築物裡，看著這些報價從天花板上魚貫而過，多麼振奮人心哪。我聽說，全世界所有投資人每筆一百股以上的交易，不論多麼微不足道，都有它一個光點的露臉時刻，在這裡，以及全球數千個螢幕上一閃而過。每筆交易完成數秒後所導致的IBM 133 ½或SLB 40 ¾，都會引來數百萬觀眾的呻吟、歡呼。但願你能看出，當中哪一筆是你的交易。

嚮導站在報價機正下方的半圓形講台上，以有趣的資訊娛樂大家。她說，紐約證交所擁有十一套大型電腦系統，單日可處理四億一千五百萬股交易，很快就能擴充到五億股。五億股交易日尚未發生，不過他們要做好準備，因為一九六〇年代無法想像的單日一億五千萬股交易，到了今天已成常態。一九二〇年代初期，一年能有一億五千萬股的交易就算好運。當時一整年的交易量，大約是如今交投熱絡時節一星期的量罷了。

至於什麼因素造成買盤與賣盤的大幅擴大，我得到兩個解釋。首先，上市股票數量遠超過從前。光在八〇年代的紐約證交所，就有一千五百家公司的五百一十億股進行交易，附近的美國證交所另有七十億股，店頭市場又掛出另外三百億股左右。此外再加上低價股和家族企業私下交易的股票，必定有好幾兆股股票，分屬於各種想像得到的企業。大體說來，當時這些股票若非寄放在證券行的「大宗股票部」（fungible mass，所有顧客的所有股票統統混著堆放一起，分不清哪張股票屬於誰），就是分別存放在全國各地的保險箱或衣櫃裡。

一九五九年，全美國只有一百億股在市面流通，僅占八〇年代紐約證交所單家股數的五分之一。一世紀以前，東岸到西岸之間的整個商業界，只有區區幾百萬股。印製股票已經成了非常熱門的生意，其影響比淘金熱和石油熱加起來還深遠。

整體而言，所有股票的總值約在數兆美元之譜。紐約證交所的股價總值超過兩兆美元，直逼美國政府赤字水準。在美國證交所掛牌的企業，股價總值也遠超過一千億美元，店頭市場則代表著價值三分之一兆美元的股票。

我們不僅在保險箱與衣櫃裡存放更多股票，我們的交易次數也比以往更頻繁。事實上，我們可說是瘋狂地進出股市。紐約證交所在我寫這篇的時候，就有超過三百五十億股在投資人之間轉手，其中許多股票還不只轉手一次。由於總共有五百一十億股在紐約證交所流通，算一算，一年之內將近五分之三的股票換過主人。另有兩百八十億股在各個店頭市場交易，再加上在美國證交所交易的幾十億股，我們已爆發一種叫做浮躁的疫情。而這，只不過是股市而已。

最熱絡的股票交易市場，最狂亂的奇觀。

這些事實如何跟我在訪客展覽廳聽到的錄音訊息——也就是我們放棄了「快速致富的把戲」，追求「提供長期保障的儲蓄導向工具」——銜接在一起，我毫無頭緒。如果股票真是那麼好的長期投資，那麼我們何不停止買進賣出，緊握已在手上的股票呢？

當然，最後這句話是個假設性問題。對我來說，埃斯特朗讓我感到前所未有的浮躁不安，開始動念，想把它放到拍賣區上。在嚮導結束她的解說之後，我跟其他十幾位美國投資人一起排隊，等著敲打供大眾使用的三部Quotron報價機。我前面的男人敲了一段輕快的三步舞，得到他的股票的最即時報價。我鍵入埃斯特朗的代碼，不料看到它又跌了十六分之一點，從1 ¾變成1 $^{11}/_{16}$，離我的損益平衡點越來越遠。

旁邊那部報價機前的男人害我分了心，他問：「你知道布魯克林瓦斯的代碼嗎？」我回答不知道。他又高又笨拙，身上的長大衣比我的還破爛，我聽到他喃喃自語：「它應該要漲的，反而跌了。」我猜，他準是跟我同病相憐的散戶投資人。他介紹自己叫做萊斯特．史瓦茲，是布魯克林的科學老師，喜歡在午休時間逛逛證交所。

我倆沿著斜坡一起走回訪客展覽廳，史瓦茲先生邊走邊訴說他的投資史。那是一個悲哀的故事，起頭是這樣的：「我做債券選擇權賺了一萬塊錢，太棒了。」接著，情勢從「太棒了」到「還好」到「很糟」，每下愈況。沒多久，他就到了歷經長期可怕虧損之後，決定金盆洗手不再碰股票的情節，還好最後沒賺沒賠。「我現在把所有錢拿去買國庫券，其他的，不去想也罷，除了——」他說，「布魯克林聯盟瓦斯，照理說它該上漲的，怎麼會下跌呢？」

我們走向俯瞰交易大廳的一大面觀景窗，史瓦茲先生承認，他剛剛在斜坡上說的全是鬼話，他坦承，自己仍然進出各檔股票，不只布魯克林聯盟瓦斯公司而已。「我被下蠱了，沒救了。」他說。他也招認自己不再是個科學老師，染上股熱之後他就辭了工作，當初是受到一位白天玩股票、晚上四處為家、夜宿自己的科維特跑車的密友所啟發。

「你那朋友發了財？」我問。

「不，其實沒有，」萊斯特說，「不過他的營業員倒是發了財。」

「他會跟你報明牌嗎？」我很好奇。

「有時候。」

「那你聽他的明牌嗎？」

「還不如不聽。不過至少我還保有車子，還保有房子。你知道我的前妻在這底下工作嗎？」他指指證交所交易廳。「她得找工作維生，我再也沒見過她，她現在就在這底下工作。」

我們並肩站在觀景窗前，俯瞰史瓦茲先生的前妻可能會在的地方。在我們的下方，全球最熱絡的紙資產交易市場，正上演著狂亂的奇觀。從這兒的雕梁畫棟，你會以為自己置身十九世紀的舞廳，而大梁和管線交錯，又彷彿太空站。在底下，紅色、藍色和黃色外套匯集成漩渦，人們奔忙，人們晃蕩，人們在某個定點排成長龍，彷彿某齣銷售一空的百老匯表演售票窗口前的向隅觀眾。

有一段介紹華爾街的語音，清楚說明了這個畫面：跑腿人和信差把買賣指令傳給場內營業員（floor trader），場內營業員再包圍專員（specialist）。語音中說，每一筆股票買賣都靠這些場內人員完成。顯然，小型交易是透過電腦撮合的，但單筆超過一百股的交易，就必須由專員處理。

舉例而言，負責ＩＢＭ的專員概括買進賣家要賣的每一張ＩＢＭ股票，然後轉身賣給買家。這檔總值幾十億美元的股票，全數交由單一專員獨家代理。不僅如此，這名專員還得負責其他好幾支股票，總共有四百位專員，在十四個交易站處理紐約證交所的所有股票。

這樣的安排令我咋舌。每一名專員在每一個工作日，都必須經手好幾百萬美元的股票。

交易站上方是電視牆，滿地都是揉成一團一團的紙，就算離行動五十呎遠，隔著厚厚的觀景窗，仍能聽到鬧哄哄的喧囂聲。大廳裡有台巨大的行情報價機，報價機的右邊，就是每天開盤與收盤時敲鐘的舞台。我站著觀察了幾分鐘，人與機器如此奇特的交融，讓我看得目眩神迷——電腦、電視和電話等全球化電子用品，融入這個老市集般的場景中，交易人員揮舞著手勢，在小紙片上快速記錄交易，簡直跟亞歷山卓港與喀土木的古商人沒有兩樣。

「就像車庫大拍賣。」我對著史瓦茲先生嚷嚷。史瓦茲先生看了看四周，點頭同意。「全是胡說八道跟垃圾。」他說。這個交易大廳，讓他覺得自己已經淪為日本人的臣民。「你知道嗎，」他說，「我們家裡唯一的美國製品，就是廚房的餐桌，其他都是從日本、新加坡和韓國來的。日本人的語言裡，根本沒有『假期』這兩個字，打從日本開國以來，日本人就沒休過假。當他們需要休息，就跑到山上，坐在小房間裡，頭上通了電極，發想新點子，難怪我們望塵莫及。」

「我們最好團結起來，」史瓦茲先生邊說邊以類似摩西的姿態揮動雙臂，彷彿要圈住整個紐約證交所。「全是胡說八道跟垃圾。」他信步順著斜坡而下，走到Quotron報價機前，再度查看布魯克林聯盟瓦斯的價格，那是我最後一次見到他的身影。

12 交易大廳

站在訪客展覽廳的觀景窗前，我開始動起腦筋，想下樓一闖交易廳。這一小撮交易專員，似乎是一切交易的樞紐，他們獨力撐起整椿生意，卻如此低調，一般散戶連聽都沒聽過他們。如果能靠近他們，看清楚他們的行動，那該有多好！藉由觀察這些站在紙團堆中處理訂單的傢伙，搞不好能挖到什麼有用的小道消息，或是有利可圖的資訊呢。

抱著這樣的念頭，我打電話給紐約證交所公關室，要求參觀交易廳，同時跟隨便一位專員聊聊。遺憾的是，我在這裡完全吃不開。你或許以為，他們會很想取悅散戶，取悅這些經常被他們掛在嘴上譽為美國資本主義中流砥柱的人。錯了，我被斷然拒絕，他們告訴我，基於法律之類的問題，專員不接受採訪，而且最好與世隔絕。

我當然不輕言放棄。我又打了好幾通電話到公關室，接上好幾位不同的公關代表，而我得到的最委婉的答覆是：「請寄給我們書面申請函。」由於沒耐心寫信，我放棄了取得許可的一切希望。

這時，我不經意瞄到《紐約時報》一則關於華爾街的文章，文中數度引述一位名叫威廉・海斯（William Hayes）的專家。雖然海斯先生話中完全沒提到專員，但是他大體聽來相當犀利，於是我打電話給他介紹自己。巧的是，海斯先生本身就在一家專員公司服務。

雖然他表示，自己不再積極投入這部分工作，而且不保證能幫助我闖進交易廳，但是他答應最起碼帶我到紐約證交所餐廳用餐，夠靠近現場的了。

即便如此，我們仍得通過樓下的安全檢查哨，而我必須取得訪客許可證，才能獲准進入電梯。我們在一個較高樓層步出電梯，海斯先生引我走進一個黑漆漆、貴族派頭十足的房間，胡桃木亮光漆和皮椅的氣味撲鼻而來。這裡讓我想起耶魯俱樂部，或者紐約遊艇俱樂部，或者「21」俱樂部的大廳。穿著藍色襯衫的老頭子們，在這個安靜勢利的保護區裡各據一方，似乎跟我在大廳見到的那些大聲喧囂、比手畫腳的俗人，離得很遠很遠。從樓下一路行來至此，我彷彿逃離某個長期動盪不安的國家的街上暴亂，最後終於安抵美國大使宅邸。

海斯先生跟我走到餐廳邊，領班在那裡迎接我們上桌。這些服務生的外表與動作，活脫是從古老的火車餐車裡直接走出來似的。餐廳四壁裝飾著許多野生動物的頭部標本，我不禁這麼想：他們應該拿某些投資人的半身像或複製蠟像取代這些動物，尤其是那些被騙了夠多次的不幸散戶；這些胡桃木飾板、皮製的扶手沙發，以及每一趟非洲狩獵之旅，可都是他們出的錢。

關於專員，我的新朋友對我知無不言。原來，他們從紐約證交所取得了獨家代理權，海斯先生稱之為「極致暢貨業」。他說，專員要能「撮合市場」，要有足夠股票賣給想買的買家，要能買下所有賣家想賣的股票。不論買或賣，每一筆交易大約有八分之一點落入他們口袋，收入可說相當優渥。

幾十年來，專員原本是家族式生意，由少數家族把持，兒子接手父親的事業，跟街坊巷口的雜貨店、藥房或書報攤沒什麼兩樣。不過最近，海斯先生說，老式的家族不斷被大企業吞併，如今，大部分生意掌握在斯必李和魏格納斯托得（Wagner Stott）等財力雄厚的證券公司手上。

對我而言，最有趣的部分莫過於每個專員都攜帶一本「帳冊」，分別記載各檔股票的資料。帳冊記錄著各個買家與賣家的訂單，其中絕大多數是動輒數千股交易的大型法人訂單。海斯先生說，專員只需要瞥一眼帳冊，就知道「誰在大量拋售，或者誰在大量買進，以什麼價格，以及哪裡會有供貨」。

我認為，這樣一本帳冊實在好處多多。海斯先生某種程度上同意，不過他提出警告，就算擁有帳冊，專員仍可能賠錢，「他們最大的恐懼，就是出現單向市場，讓他們無法逆轉部位，」而且，「他們往往見樹不見林。」儘管如此，我認為專員看到的「樹」，仍比我從報紙財經版或《巴倫》雜誌上看到的「林」更有用。事實上，跟海斯先生用餐完畢之後，我接近專員的決心就更堅定了。

他有心幫忙，於是拿他認識的一位現任專員的電話號碼給我，可是當我打電話給此人說明我的意圖後，他請我聯絡公關室。我等於又回到原點，於是，我決定不擇手段，包括以下這個花招。

我稍早得知，紐約證交所裡，有一條走廊與紐約期貨交易所（New York Futures Exchange）銜接；後者是前者的姊妹組織，負責交易期貨、選擇權，以及我決心避開的其他神祕工具。向我密告這條長廊存在的人是丹尼爾・葛雷素（Daniel Gressel），他是個專業的期貨交易員，也是《華爾街日報》書評編輯克勞蒂亞・羅塞特（Claudia Rosett）的老公。假使克勞蒂亞仍在其位，她有必要知道我認為她才華橫溢，鑑賞力敏銳，而且也許應該考慮一下敝人這本拙作。

總之，她那迷人的丈夫告訴我，期貨交易員經常跳進證券交易廳，「替他們的部位避險」，長廊上總是人來人往，穿梭於兩端。他願意帶我偷渡期貨交易所大廳，我打算就從那裡，潛入證券交易所。

偷渡期貨交易所的過程還算順利，只除了得戴領帶、穿上西裝外套。我從一位保全人員那裡，借到了這一身行頭。葛雷素先生到門口接我，他有著一頭鬈髮，四十歲出頭，鬍子沒刮。他穿著一件紅色的實驗室外套，翻領上別著寫有EGG的識別證，一疊類似賓果卡的長方形卡片，從口袋裡凸出來。

「那些是什麼卡片？」我問。

「我的交易。我得記錄下來。」

「EGG有什麼特別意思嗎？」

「我的交易代碼。交易廳裡每個人都有自己的代碼，那是我們辨認彼此的方法，例如BOY或FOX或ZIT。代碼有時別具意義，我取EGG，是因為家父以往買賣雞蛋期貨，我就是被雞蛋期貨養大的。」

「你們也有買賣雞蛋期貨嗎？」

「雞蛋期貨已經不存在了；雞蛋的流動性不足，供貨太大，擠壓市場。真希望偶爾還能買賣雞蛋期貨。」

我尾隨葛雷素先生抵達期貨交易場邊緣，他的一些交易員同業正在那兒推擠喊叫。突然間，傳來某檔期貨價格激烈震盪，葛雷素先生必須全心應戰。這反倒給我帶來好運，他把我交給一位名叫格納的同事，後者正在交易廳四周眾多的電話亭間閒晃。

格納先生是個討人喜歡的小伙子，他開始解釋期貨這門生意，可是四周人聲鼎沸，我根本聽不見他的聲音。我把耳朵湊近他的嘴巴，得知他正是那群買進期貨、然後衝越長廊買股票、再衝回來反向操作的作手之一。這正是我等待已久的機會，當喧囂暫歇下來，我要求他，讓我跟著他跑一趟。

沒多久，我倆便擠在一大群熙來攘往的交易員當中，快步通過走廊。在格納先生帶領之下，我們終於抵達紐約證交所交易廳。看，就算沒公關部幫忙，我照樣達陣。

扭腰、擺臀、眨眼、咕噥、凝望和手勢。

我立刻發現，比起期貨交易廳，證交所交易廳顯得相對寧靜，但還是比大多數夜總會吵鬧。格納先生開始兜圈子，似乎在等待從他褲子後方口袋裡的傳呼器傳來訊號。我們經過好幾座「交易站」，股票就在這裡進行交易，成交價格顯現在頭頂上方的電視螢幕。附近有好多穿著單色夾克的工作人員。格納先生教我分辨哪些人替券商工作，哪些人是信差，哪些人為自己買賣，哪些人是旁觀者，哪些人是證交所警衛。

我們不時會經過安裝在金屬桿上的電話機，就像任何街角隨處可見的那種。格納先生會接起電話，而那剛好就是找他的。他如何得知那是他的電話，而發話人又是如何在這廣闊的交易廳中找到他的確切位置，我永遠也猜不透。無論如何，他會講個一分鐘，掛上電話，走到某個交易站，雙手揮舞某種古怪的手勢，然後走回我身邊，說：

「剛剛成交了。」

「什麼東西剛剛成交？」

「我的訂單。」

「什麼訂單？」

「假日飯店（Holiday Inn），57¾。」

「我沒看見。」

「或許下回就看得見了吧。好好觀察，好好聆聽。」

格納先生把他自稱的交易結果寫到小卡片上，交給一個穿著灰色夾克的傢伙。在我們前面的，就是假日飯店的專員。我猜他大概四十五、六歲，穿著褐色長褲、棉布襯衫、銳跑慢跑鞋。他手上拿著帳冊，但願我能偷看一眼，可惜我擠不進去。我和專員之間，隔著一群討價還價爭論不休的買家與賣家。我試著上下跳動，揮手爭取他的注意力，可是他似乎凝望著虛空，無視我的信號。

「看見了嗎？」格納先生問。

「看見什麼？」

「那邊那個男人，剛剛示意要買。買單從外面一張桌子傳進來，也許是家券商。他提高到了一萬股，每股$57\frac{7}{8}$元。喏，開價剛剛被接受。瞧見了嗎?現在要記錄下來了。」他指向另一個穿灰色夾克的傢伙，後者正在附近一台機器敲進剛剛的交易結果。沒多久，這筆交易就閃現在我們上方的電視螢幕上：10,000S HOL, $57\frac{7}{8}$。

同樣的，我還是什麼也沒瞧見，只除了灰色夾克的記錄員，以及電視螢幕上的成交價。我逐漸了悟，在交易廳裡徘徊、跟著專員閒晃，並非挑選我下一檔股票的好門道。雖然格納先生耐心說明買家如何到交易站跟專員洽商，如何開價，專員如何回應，以及訂單如何記錄，我還是搞不清楚究竟誰賣了什麼東西給誰。數以千計的大宗股票在扭腰擺臀、眨眼、咕噥、凝望和手勢之間轉手，一閃而過的速度，並非凡人肉眼所能見。格納先生說，這是交易清淡的一天。

格納先生急著趕回期貨交易所，他陪我穿越走廊，把我送進警衛站。怎麼來的就怎麼走。我奉還領帶和外套，踏上街道，心中的迷惑更甚以往。

13 我的第二筆投資

結束與格納先生的突襲式訪問之後，我碰巧讀了篇文章，介紹提供投資建議的靈媒與占星師。我本來是對這種怪力亂神的東西嗤之以鼻的，尤其當自助洗衣店的預兆證實錯誤以後。不過，出現在《紐約時報》財經版的文章，你可不能等閒視之，這篇文章描述各種算命仙、陰陽師和小鬼，如何跳出健康與幸福議題，開始預測起黃金市場、利率一般走向，以及股價的未來走勢。

出於好奇心，我決定至少去採訪一位靈媒。我從文章抄下幾個名字，再從紐約當地電話簿查出一兩個可能的電話。聽了幾段詭異的答錄機留言之後，我終於在卡蘿．傑森寇貝爾的郊區家裡追蹤到她。不知什麼原因，「郊區靈媒」就是比「市區靈媒」——尤其那些在公車站和血庫附近租辦公室的市區靈媒——聽起來正當一些。

我打電話給傑森寇貝爾太太預約，不過我們的對話不知哪裡不對頭，讓我改變了心意。也許是背景的狗吠聲，也許是因為她告訴我，她替警方尋找屍體一把罩。這理應不會對我產生困擾的，可是我心裡卻莫名其妙的不安。當我告訴對方，或許還是別碰面的好，她告訴我，她有「通心耳」。通心耳是靈媒圈最新流行的能力，幫助他們透過電話感應真相，可以省下實際碰面的費用與麻煩。照這樣看來，不用多久這些超能力人士可能完全不必再出門走動了。

我們繼續漫無邊際東拉西扯，我開始相信，傑森寇貝爾太太真的有通心耳。坦白說，我覺得她正悄悄鑽進我的耳朵。我太緊張了，一時脫口而出：「你找到屍體時，難道不怕兇手找你報復？」傑森寇貝爾太太回答說，這是個非常負面的問題，她的口氣，彷彿我剛剛捅了她一刀。

接著，我打電話給比爾・艾查德，他是一位專業占星師，家住布魯克林。他送我半小時的免費電話諮詢，我衷心感謝。艾查德先生的一些言論非常發人深省，好比說，他原本在研究所攻讀經濟學，卻發現這是一門鬆散的偽科學，充斥著三姑六婆的八卦和不理性思考，相較之下，占星學則被證明各方面都更嚴謹、合理與實際。「那是因為經濟學家只研究現象，」他解釋，「占星師則超越現象，直指實像（numena）。」

「實像」，我後來查出，意謂「事物的核心」。艾查德先生提起他的一個客戶——雷曼的前任營業員。他原本對一家小型生物工程公司深具信心，直到艾查德先生進行背景調查，挖出它的「實像」。儘管許多分析師看好這檔股票，艾查德先生卻發現不利的星宿排列，打消朋友買進這檔股票的念頭。真是幸運，因為這家公司後來突然破產倒閉。

我請教艾查德先生，是否可以從「實像」看出我和埃斯特朗之間的關係——因為股價至今已經跌破我當初的買價。他說，這並不容易解讀。首先，我得打電話給埃斯特朗和我的母親，跟雙方詢問相關的生辰八字、公司成立的日期與時間、股票分割的日期、我出生的確切時間，以及其他重要細節。

假如我蒐集了所有資料，回覆艾查德先生，他會替公司本身、替盡可能多的高階主管，也替我畫命盤。唯有這樣，他才能解釋行星之間的衝突、土星或天王星的正面或負面影響、太陽通過四大本位星座的軌跡，以及公司的至點與我的至點間的關係。「縱使公司前景看好，也不代表你應該擁有它，」他說，「有些人命中注定不該買股票，他們的命盤清清楚楚的寫著。如果他們買了，就算再好的股票都會出現障礙，害他們賠錢。」

我不認為值得費工夫做這樣的研究，尤其在艾查德先生說他沒辦法免費幫忙之後。況且，我非常害怕聽到他說，我的星象排列壓根不適合投資。我坦白告訴他我的擔憂，並且問艾查德先生，他能否推薦一位沒那麼嚴謹，但願也沒那麼貴的占星老師。他推薦阿爾區・克勞福先生。

他說克勞福先生並非道地的占星家，因為他是「電離層派」的門徒。他聽說克勞福先生發行了一份投資快訊，根據大氣層狀態提供股市建議。

占星師的投資建議

我跟克勞福先生在七十七街與萊辛頓大道交叉口，一家叫做薩克的時髦咖啡館碰頭。他遲到了十分鐘，據他所說，這都得怪「期權在四點十分收市，而期貨在四點十五分收市」。他戴著一副金邊眼鏡，身穿燈芯絨褲和老派的藍襯衫，蓄著惹人注目的山羊鬍。他有一頭紅髮和白皙的皮膚，愁眉深鎖，就像那些穿著布魯克兄弟（Brooks Brothers）西裝的老學究。說起話來，則流露出慵懶的南方語調，聽起來莫測高深，內行而專業。

他說他畢業於北卡羅萊納大學，專攻數學與物理，一九六三年開始在美林證券著名技術分析師羅伯．法雷爾（Robert Farrell）的手下工作。「我當時在美林證券畫黑板，填寫股價；那個時代還沒有電動計分板。後來美林送我進夜校，我回來替法雷爾先生畫圖表。當時，圖表技術被視為這一行的巫術，不像現在成了一門體面的功夫，一如法雷爾先生受人尊敬。」

沒多久，克勞福先生被派到越南前線，一九六九年返回紐約，開始替自己操盤，兩度賺錢又賠錢。就在這段期間，他發現了大氣層中的電氣力場，也發現他比較適合給人出意見，勝於自己進行投資，於是開始發行投資快訊。

他點了杯花草茶和一份甜麵包捲，然後娓娓道出他的股市理論：

一般大眾會受到釋放離子輻射的太陽黑子以及月球盈虧的影響。全身充斥電子的投資人，隨著大氣中的正負極性、月球對空氣的牽引以及星宿的排列，而變得正面或負面。

藉由追蹤行星與電磁放射體，克勞福先生說他曾預測出一九七七年以降，股市的每一次重大低點，道瓊工業指數的預測差距則維持在十五點以內。預測高點比較困難，可是他曾指出一九八二到八三年的市場上漲，以及一九八四年的回檔，所有預言全部成真。如果我想看證據，他說他可以到轉角的辦公室拿剪報給我。假使這還不夠，他叫我打電話給華爾街專欄作家丹・杜夫曼（Dan Dorfman），後者曾深入調查這些預測，結果讓他大表讚嘆。

前瞻未來，克勞福先生的看法悲觀：「由於土星與海王星進入魔羯，與巨蟹對沖，我們很可能面臨銀行體系的崩潰瓦解。」幸好，事情要到一九八九年十一月十三號以後才會發生。近期的前景則包括，「股市在四、五月間回檔，之後肯定出現修正，甚至很可能陷入熊市。」

克勞福先生讓我信心大增，甚至在他讓我幫他的甜麵包捲買單、拒絕邀請我參觀他亂七八糟的辦公室，而且我也不信什麼電子人這一套之後。也許，這是因為他溫文儒雅不忮不求的態度，也或許是因為他不賣任何東西給我（事實上，他確實販賣建議給老練的投資人，他說這些人每年付好幾千塊錢聽他的意見，不過他不肯透露姓名。他另外還賣投資快訊，不過他自願把我放入免費名單）。

不管基於什麼理由，我很想知道，如果克勞福先生換成是我，他會怎麼做。「星期五下午買進買權，」他說，毫不遲疑或猶豫。「我要是有錢，就會這麼做。」他更指名道姓建議我買「標準普爾一百的三月二二五號買權」。我不知道這是什麼玩意兒，不過在埃斯特朗之後出現的賺錢機會當中，就屬這個聽起來最有搞頭。我記下第十二條祕訣：

> **越迷惑的投資人，越需要投資顧問的篤定。**

我沒有向丹·杜夫曼求證，也沒有查看克勞福先生的剪報。一等克勞福先生離開餐廳，我立刻衝向外頭的公共電話亭，打長途電話給我的證券營業員，蓋瑞特小姐。

「買進標準普爾一百的三月二二五號買權。」我複誦自己剛剛抄下的筆記。

「買多少？」

「買多少？我不知道買多少耶，要多少錢？」

「我看看。略低於1½，這表示每口大約一百二十五到一百五十元之間。」

「我買五口。」

我的培基帳戶裡頭沒有現金，因為我的剩餘財產還留在家鄉的銀行戶頭裡。我搭公車到最近的紐約分行，開立一張七百七十七塊一毛六——這筆交易的確切金額——的支票給培基證券。然後我著手研究，試著搞清楚自己剛剛買了些什麼。

一場關於指數短期走勢的賭博。

我剛剛買的東西，叫做「股價指數選擇權」。這種投資工具的歷史很短，一九八〇年代初期在芝加哥發明的。它們跟我先前提到的可怕的個股選擇權不盡相同，否則我根本連碰都不敢碰。

個股選擇權提供機會，讓人臆測某支特定股票——例如IBM——的突然價格異動；股價指數選擇權則讓投資人有機會拿更大的市場投機，下注在某一種流行甚廣的股價指數。由於標準普爾一百指數衡量一百支重要股票，放在一個籃子裡的整體價值，因此標準普爾一百選擇權，是一場有關指數短期走勢的賭博。

其他類似的指數，也提供相仿的籃子，似乎每隔一兩個月，就會出現新的指數選擇權。不過我遵照克勞福先生的建議，選擇了標準普爾一百。

在五花八門的期貨與選擇權交易中，人們買入與賣出各種不同價格與交割日的指數選擇權合約。舉例而言，一份三月二二五號合約，賦予我從現在到合約到期之前（在此案例中，也就是三月的第三個星期五），以兩百二十五美元買進一單位指數（或稱為「一籃子股票」）的權利。在此期間，倘若標準普爾一百指數的股票價格上漲，我的選擇權也跟著水漲船高。倘若股價下跌，我的選擇權也跟著遭殃，直到變得毫無價值可言。

實際的股票「籃子」，從未真正送達選擇權持有人手中，正如期貨市場上買進豬腩的交易人，很少真的把豬腩拿回家。整個操演全是假設性的，買方與賣方會在合約到期之前完成現金結算。

由於讀者也許聽過股價指數期貨，我必須闡明它與選擇權之間的差異。所謂的期貨，是讓你在承諾日之後，以今日議定價格，買進某件東西的協議。在期貨合約中，買賣雙方皆必須負起履行交易的義務，與商品（不論是一卡車豬腩或一籃子股票）命運與共。如果價格走勢不利於投資人，其虧損可能遠超過一開始投入的資本。

選擇權則是合約的合約。它賦予買方權利，購買「或許有價值的商品」——也就是這個案例中的一籃子股票，卻沒有履行交易的義務。假使交易變得無利可圖，選擇權買主只會損失一開始買選擇權付出的價格。如此一來，買選擇權比買期貨安全穩當得多。比起期貨，選擇權甚至算得上保守的投資工具，因為選擇權的買家，頂多損失一開始的投資，一毛也不多。

就這個例子而言，我買了五籃子標準普爾一百股票的選擇權，這讓我有機會在三月中之前，以每口兩百二十五元的價格，履行這五籃子合約。如果標準普爾一百的股票價值低於兩百二十五元，我就沒道理履行這份選擇權；倘若股票價值超過兩百二十五元，我就賺到了。正如我先前提到的，指數選擇權是以現金結算。

就算只講到這裡，也夠複雜的了，不過老實說，你還要弄懂「賣權」與「買權」。我很不願意提起這些，可是我責無旁貸。所謂買權（也就是我之前買進的合約），賦予我從某人手中「買入」股價指數的權利。而賣權則賦予我把股價指數「賣」給某人的權利。你可以出售買東西的權利（賣出買權）、買進賣東西的權利（買入賣權）、出售賣東西的權利（賣出賣權），或者買進買東西的權利（買入買權）。

也許，我該用第十三條祕訣為大家解惑：

買入買權或賣出賣權：代表你期望價格上漲。
賣出買權或買入賣權：代表你期望價格下跌。
當你有疑慮，兩者都別做。

為了更深入理解個中究竟，我決定求教葛雷素先生，一開始就是他幫助我偷渡紐約期貨交易所大廳的。由於我不慎在結算所搞丟了他的聯絡電話，只好麻煩他的妻子，書評編輯克勞蒂亞，再次給我他的號碼。「我得警告你，」她說，「葛雷素恐怕心情不會太好，就我所知，他今天賠慘了。」

結算所是交易員午後前往計算盈虧的地方。這一間結算所，是由魏格納斯托得（又一間大家聽都沒聽過的公司）占據了華爾街高租金大樓的一整層樓。接待小姐已經下班，於是我逕自穿越大廳，走進後面房間。

這間密室裡，放眼所及都是工作檯，檯上亂七八糟堆滿了電腦列印紙與保麗龍咖啡杯。穿著紅色實驗室外套的男人癱坐在摺疊椅，雙腿擱在電腦列印紙上，一邊觀看頭頂上方的Quotron報價機，一邊漫不經心敲打腿上的鍵盤。

葛雷素很快的現了身。他的樣貌和我們初次見面時一模一樣：依然一頭鬈髮，依然穿著紅色實驗室外套，依然該刮鬍子了。這一回，他看起來彷彿剛剛被迫目睹屍體解剖。他神經兮兮地指指別在衣領上的EGG識別證。

「剛被宰了，」他說，「輸了一萬塊，搞不好更多。完完全全，徹徹底底，他媽的被宰了。一萬塊耶！我真該幹點別的事，真該回去教書。」

葛雷素先生像匹躁動的馬般來回踱步，把他的紅色外套掛到衣帽間，然後終於冷靜下來，可以坐到Quotron報價機下方的一張工作檯旁。我在他身邊坐下。他神不守舍地敲進幾個數字，出現的結果讓他益發頹喪，深深跌坐椅子裡。「真該回去教書，」他說，「真的，至少他們會付我錢，至少有薪水可以領。」

他說他放棄了芝加哥大學經濟系的一份好職位，前來紐約，在紐約期貨交易所買賣選擇權和期貨，而老婆則找到《華爾街日報》的一份好工作。「有時候，克勞蒂亞回家時，我會叫她出門逛街，買她想買的任何一件新衣服。有時候，我必須告訴她，我們剛剛破產了。就像今天。今天，我是市場的牲禮，我痛恨當市場的牲禮。」

我說，我感同身受，因為我自己剛剛買了股價指數選擇權，因此感受到了類似的壓力。「你覺得三月二二五買權如何？」我問。「這筆交易划算嗎？」從他散漫無章且口齒不清的回答，我隱約聽到「戒掉選擇權」、「隱含波動率」，以及「當市場毫無理性，誰還他媽的在乎？」我看得出來，他沒心情多談，於是我們互道再見，走到門口，他約我隔天到交易廳碰面，但願到時候有好消息，讓他重展笑顏。

交易員的情緒曲線

隔天，我跟葛雷素先生再度在警衛室碰頭，不過，這回我可沒忘記帶自己的外套和領帶。隔著寧靜的穿堂，裡頭的尖叫和嘶吼聲依然清楚可聞，我覺得自己有點像精神病院會客室裡的訪客。葛雷素先生帶領我穿越一大群期貨交易員，有些人在兜圈子，有些人在踱方步，有些人則全速衝刺，互相推擠。而我們，躲到大廳旁兩張交易櫃檯之間的小通道。

葛雷素先生居然說，這是個交易清淡的早晨，我實在無法想像，還能怎麼個亂法。他花了點時間介紹周遭環境：選擇權交易場在這邊，期貨交易場在另一邊。他說選擇權交易場比較安靜，因為選擇權交易採用的是「專員制」，由單一人員處理全部訂單，不像期貨市場採用的是「公開喊價制」。巨大的報價板高懸在兩個交易場上方，顯示數百種到期日各異的期貨與選擇權價格。我在其中找到了我的三月二二五，很高興得知，我的七百塊錢投資已經漲到了九百塊。

葛雷素先生指出各種不同類型的交易員：有些人單純替證券經紀商處理訂單，靠佣金維生；有些人迅速買進賣出，靠些微價差獲利，被稱為搶帽客（scalper）；有些人是當日沖銷客（day-trader），只持有部位到每天下午收市之際；還有部位客（position player），他們抱著古老的觀念做「長線投資」——也就是一或兩星期。他介紹我認識一些交易員，可是我只記得REP、TAD、GOB和HAL等代號。就近站在他們身旁的通道，跟他們吼來吼去之後，我得知其中有些人原本在學校教書，有些人擁有博士學位，絕大多數都在中年轉業，成了期貨交易員。他們告訴我，你只需要兩萬五千美元本錢，另外投資七百美元買下交易所的席位，然後花幾天學習比手勢。真是簡單容易的賺錢方式啊，我自忖著。

事實上，我聽到了許多關於這項工作的抱怨，有必要在此如實轉述。其中三大抱怨包括：整天站著以至於雙腳痠痛；這麼多人近距離口沫橫飛加上咳嗽，因而感染了喉嚨痛、感冒與喉頭病毒（「交易場是個終年的病窩」）；以及金錢上的虧損。賠錢是一種揮之不去的恐懼，也是唯一的重要話題。「假如有人透露自己有外遇，其他人會說，『沒什麼大不了。』」葛雷素先生解釋，「假如有人發生意外、被偷、被搶，或者被強暴，同樣的，『沒什麼大不了。』不過，只要提起某某人今天破產了，現場必定立刻悄然無聲，人人倒抽一口氣問道，『發生了什麼事？』」

話聲才剛落下，我們就被一陣大騷動打斷，我的消息來源立刻四散開來。「貨幣供給，」葛雷素先生喊著，「貨幣供給的數字剛剛宣布了。」他衝去查看頭頂報價機上的消息，幾分鐘後回來說道，「市場一片上揚，聯儲會很可能降低重貼現率。我得先告辭，要工作去了。」

葛雷素先生並未限定自己是期貨交易人或選擇權交易人，我看著他兩邊來回奔忙，在手持式計算機上敲打數字，口中喃喃說著有關「隱含波動率」的話。我稍後從他口中得知，選擇權與期貨出現了好價錢，雖然一般大眾眼前不見得知道，但是終究會得知真相。葛雷素先生就是靠洞燭機先而獲利。「等待市場恢復理性。」這是他的說法。

我沒多久就發現，市場走強或走弱，對他而言根本不重要。事實上，市場確實往上攀升，我看著我的小小選擇權慢慢增值，從報價板上見到價格一分鐘一分鐘往上爬。由於葛雷素先生似乎沒有因為大盤上揚而開心，我一開始假設他希望市場走跌。我錯了。實情是，葛雷素先生站在更高的層次上運作。

這些事情，大部分都是我在一天結束之際，跟他約好一起去小酌時發現的。從他提議搭地鐵而不是坐計程車，我猜想今天的績效不怎麼好。很顯然的，市場毫無理性，忽略了好價格，害他連續第二天賠錢。

「一萬，」他一次又一次重複，「又賠了一萬。你他媽的相信嗎？」我們沿著百老匯大道走向地鐵站，他重提芝加哥大學的美好生活、學界生涯的整體好處，以及傳授經濟學可以積的功德。鄉愁讓他益發沮喪。

就連他選的酒吧——第五大道上一間人聲鼎沸的單身酒吧，似乎都無法振奮他的情緒。他繼續叨念著要找一份「真正的工作」。我試著鼓勵他說些刺激的期貨故事，他唯一記得的開心故事，就是一位正統派猶太教徒靠著豬腩大賺一票，再來就是一個交易員用他的領帶擤鼻涕。

我們最後回到葛雷素先生的公寓，等候克勞蒂亞從《華爾街日報》下班回家。那是一間位在二十八街與第五大道交叉口的單房公寓，跟我想像中的閣樓豪宅差之千里。葛雷素先生進入狹長型的廚房，胡亂切了一條老麵包和一塊邊緣參差不齊的起司。我們坐在柔軟的沙發上吃著點心，閒聊拉丁美洲的政治情勢。

葛雷素先生放了一段左翼的智利民謠，所以我很驚訝聽他說他是右翼智利獨裁者皮諾契（Pinochet）的粉絲。我後來領悟，這是期望市場同時走上與走下的政治版本。這位細膩老練的期貨期權交易員，過著非常複雜的心智生活。

一兩個鐘頭後，我們關掉音樂，打開電視，觀看最新一集的《邁阿密風雲》（*Miami Vice*）。葛雷素先生心不在焉地看著邁阿密情節，還是念念不忘他的損失，然後索性放棄電視，朝書桌走去，坐下來研究一疊電腦列印資料。最後，他撥了個電話給一位交易員同業，我忍不住偷聽。他們聊了二十分鐘，談論隱含波動率以及「十六」其實應該是「十三」，葛雷素先生的心情明顯好轉。掛斷電話後，他拿起小型計算機，又敲進一些數字，然後對著我大叫，「我錯了！從頭到尾都錯了！我今天沒賠掉一萬塊錢，反倒賺了一萬塊錢。」

接下來的夜晚，瀰漫著歡欣鼓舞的氣氛。當克勞蒂亞返家，葛雷素先生叫她明天出門逛街，給自己買一些新衣服。我們三人上館子享用了一頓豐盛的晚餐。

14 聯儲會會有什麼動作？

我在華爾街蹓達的時候，行經一塊叫做自由廣場的空地，發現自己面對一片廣闊的石造廣場，就像梅迪奇（Medicis）家族在佛羅倫斯建造的那樣。廣場對面，工人停放了兩輛破破爛爛的貨車，正在漫不經心地卸貨——一棧板又一棧板的銀條——彷彿他們運送的不過是一些廉價雨傘。銀條被堆放在街上。我沒見到任何警衛，不過，他們也許偽裝成這一帶不乏多見的流浪漢。

大部分路人對這堆銀條視若無睹，證明貴重金屬變得多麼乏人問津。我提醒自己別投資貴重金屬。

石造廣場上豎立著一塊銅牌，顯示這裡是紐約聯邦儲備銀行。這是人人口中談論的聯儲會的一個分支機構。它設於這棟建築，可說恰如其分，因為佛羅倫斯的梅迪奇家族，本身就是中央銀行家。

城裡每個人都在互問，聯儲會接下來會有什麼動作？我已經見識過葛雷素先生如何因為聯儲會的一段簡單通知，忙得天翻地覆。我從雜誌中讀到，就連中西部農民也擔心聯儲會，程度也許更甚於擔心天氣。有些人甚至會對天祈禱，希望聯儲會調降重貼現率。

多年前，當M-1還是來福槍而不是貨幣供給時，一般人聽都沒聽過聯儲會。突然之間，我們的銀行帳戶、定期存款、房屋貸款、股票、債券、退休計畫、教育基金、養老金和省下來買聖誕禮物的錢，全都受到聯儲會的一舉一動所牽動。在我眼中，這是一個神祕的組織。要不是恰好打這棟建築前經過，我不會知道紐約還有個聯儲會分行。

聯儲會裡的古怪隊伍。

在宏偉的雙掩門裡面，有一個巨大的玄關。除了一端的金屬探測器，和另一端看起來很頹廢的年輕索福克里斯（Sophocles，希臘悲劇作家）雕像之外，整座大廳空盪盪的。雕像右側有一扇拱門，通往一整排持續播放錄影演說的電視螢幕。從這些演說，我得知聯邦儲備銀行總共有十二個地方分行，總部設立在華盛頓特區。聯儲會控制貨幣供給，監督各種銀行事務，並且絞碎舊鈔以新鈔取代。此外，全國各地地方銀行開立的支票，有三分之一在這裡進行交換。

眼前這家紐約聯儲會設有兩百個警報器、與大都會警力規模旗鼓相當的警戒人員（基於安全理由，實際的警衛人數被列為機密）、保齡球館、射擊靶場，和一間健身房。我頭頂上方的牆面鑿刻著振奮人心的聯儲會座右銘：以提供靈活貨幣為使命。

漫步在這條富有教育性的拱廊時，我看見一支雜亂的古怪隊伍，一對、然後兩對、最後是一大群穿著粗呢大衣、臉色蒼白的年輕人，甩著他們的公事包，全神貫注地向前衝。我問其中一人，你們在做什麼，他只含糊丟下一句「所羅門兄弟」，然後繼續衝向遙遠的前廳。

我緊跟在後，看著這位所羅門老兄跟他穿著粗呢大衣的同夥們，爭先恐後衝向一台堆滿電話的木造推車，一人拾起一架電話，拿到一長排高度及腰的小隔間裡，插入等在那兒的塑膠插座中。

接上線之後，電話便開始鈴鈴作響，這群小伙子拿起聽筒，只顧著聆聽和作筆記。

很快的，其中一兩人放下電話，走向房間另一頭看起來像鄉下選舉使用的那種粗糙的金屬投票箱。票箱旁有一具打卡鐘，由坐在高腳椅上的女士控制，當小伙子把大型牛皮信封塞進投票箱，這位女士就交給他們一張打上正確時間的紙片。他們在返回電話亭的路上仔細檢查這張紙片，整個過程重複上演好幾次。

這時，一個打著綠色領帶、穿著搭配的實驗室外套、戴著聯儲會員工識別證的男人，掏出他的卡西歐懷表，與投票箱上的時鐘對時。「三分鐘，三。」他吆喝著——引發一陣手忙腳亂塞信封的新騷動；然後「兩分鐘，二。」等到他倒數最後四十五秒，打卡員和塞信封的人加速穿梭在電話亭與投票箱之間，直到計時員最後唱道，「五、四、三、二、一，時間到。」就在他喊「時間」兩個字時，最後一個人拿著信封撲上投票箱。之後，參與這場詭異馬拉松的大約三十名競爭者收拾電話，抓起公事包，閃電穿出前門，一如他們進來時的模樣。

穿著實驗室外套的計時員——他只肯透露自己是「只要別叫我來不及吃晚餐」先生——很好心地解釋我剛目睹的這齣戲。聯邦政府剛剛拍賣了價值一百三十六億美元的國庫券（其中一半在三個月後到期，另一半在六個月後到期）。

國庫券是投資人借給美國政府的短期借款。帶著公事包的男人是大型投資銀行——例如所羅門兄弟與美林——的代表。他們寫下願意接受的國庫券殖利率，送進投票箱競標。他們的標單透過電話得到上司許可。投票箱將在下午稍晚開出，屆時聯邦政府將把國庫券賣給利率開得最低的競標者。

我不明白他們為什麼如此行色匆匆，為什麼要使用打卡機。「當兩張標單標示的利率相同時，就由記錄時間較早的標單得標，」「只要別叫我來不及吃晚餐」先生這麼說，「這就是他們如此緊急的原因。不過這不算什麼，如果你想看人群蜂擁，應該等拍賣政府公債的時候再來。」政府公債是較長期的國庫券，期限從兩年到十年不等。

顯然，長期公債的拍賣會吸引一群較次要的投資公司前來競標。他們從大樓外的公共電話聽取指示，然後從街上衝刺跑進大樓。「總有許多競爭，不過沒有一家公司可以拿到拍賣配額的三十五%以上。」我的消息來源說。（就我剛目睹的拍賣會而言，三十五%只不過區區四十億美元。）

「任何人都可以投標嗎？」我問。

「只要有張一萬塊錢的支票，什麼人都行。你願意的話，也可以來競標。」

任何白痴都可以走進聯邦儲備銀行，跟所羅門兄弟在債券拍賣會上一較高下；這正是我們金融民主的美妙特色。實際上，我的嚮導說，散戶很少跟大型投資銀行競標。一般投資人可以到大樓另一頭的小窗口下單，利率保證不低於下次投票箱開出的中間值。這叫做非競爭性投標。那就是你從地方聯邦儲備分行，或者透過證券經紀購買國庫券或政府公債時，拿到的交易條件。

國庫券和政府公債的拍賣頻率，跟政府寅吃卯糧的次數一樣頻繁，而這種事情最近屢見不鮮。事實上，我們高達數兆的國債，債主就是這些持有國庫券和公債的人。至於這門生意的古怪交易方式，也許你跟我一樣覺得不可思議。這些老式的投票箱支援著我們的整個政府，而每週一次的拍賣會所決定的利率，主宰著整個經濟體的種種利率。

「既然都來了，不妨好好參觀，」我的嚮導說，「看了黃金了嗎？」

據他所言，我們正站在全球最大的黃金儲藏量上頭。我原本還以為最大的黃金儲藏是在南非，或是諾克斯堡，結果其實是在曼哈頓島的岩床上頭，海平面以下五十呎，紐約聯儲會的地下室中。

大廳聚集了一群參觀民眾，我獲准加入他們。我們被簇擁著通過安全檢查，搭乘電梯往下，然後穿越一道厚重的地窖門，進入一處看起來跟紐約典型的地下儲藏間沒什麼兩樣的地方。那裡有放髒衣服的推車、行李架、塑膠箱和金屬櫃，只不過，這些推車、箱子和櫃子上，全都塞滿了黃金，總計裝了九十六萬根金條，重達一萬兩千噸。嚮導說，若用每盎司四十二美元的「官方價格」計算，這些黃金價值一千兩百億美元，但是官方價格不過是人為的參考值，跟實際價格毫無關係。若以當時的市價——每盎司三百五十美元計，這批黃金價值一兆兩千億美元。自由世界儲存的黃金，有四分之一像木材一樣堆疊在這裡。

顯然，這些箱子分屬於八十六個把聯儲會當成自家保險箱的國家。有些國家在一次大戰期間把黃金搬運至此，還有些國家則是在五花八門的暴動與革命期間這麼做。嚮導不肯透露哪一個箱子隸屬於哪一個國家。

當一個國家欠另一個國家錢，就用這種方式償還：三人小組打開箱子上的鎖，一名稽查員撕開封條，取出價值等同負債金額的金條。接著將金條拿到巨型磅秤過磅，拖到債權國的箱子前，放入金條。然後全部重新上鎖，重新封緘，債務就此一筆勾消。

這種結算帳目的方式非常費勁，黃金搬運員得用推車與滑輪幫忙施力。他們也得穿特殊鞋子和光滑的工作服，否則光清理家中洗衣機裡的金屑，就可以發一筆小小的橫財。

牽動整條華爾街的神祕組織

電梯載我們回到地面上，直抵負責交換票據的較高樓層。你可曾想過，在你開立支票或存入支票後，這些支票會發生什麼事？它們很可能歷經兩、三天的旅程，通過某一間聯儲會分行或者相仿的票據交換所。在紐約聯儲會，數百袋支票抵達樓下，內含好幾百萬張當晚要處理的票據。每個袋子都被趕忙送進計算室；在那裡，工作人員取出支票，用可以讀電子碼的高速機器一張張分類。經過計數和分類之後，支票被紮起來，退回它們最早發出的各地銀行，這就是我們在每個月月底領回它們的過程。

同一時間，每一家地方銀行各在距離最近的聯儲會分行保留一個帳戶，稱為準備帳戶。這些準備帳戶是用來結算全國各地兌現或存入的支票，在借方與貸方之間的差額。如果哪天你的地方銀行經由支票流出去的金額，超過存進來的金額，你的銀行就欠另一家銀行錢，這筆金額就從聯儲會的準備帳戶中扣除。如果你的銀行吸納的存款超過提款，其準備金的當日餘額就會增加。

聯儲會也處理現金，作用類似貨幣的洗腎機——管制流量，也清理錢幣。當地方銀行手頭上握有太多現金，就會把大疊鈔票運到聯儲會。聯儲會用它的高速點鈔機數錢，把存入的現金記到銀行的準備帳戶上。

乾淨的鈔票會被紮起來，運往需要更多現金的銀行，同時從該銀行的準備帳戶減去相應金額。如果鈔票有折損、毀壞、破爛或髒污，就會被剔出來，送往碎紙機。光是紐約聯儲會，一天就要絞碎價值四千萬美元的鈔票。由於紙張與油墨所含的化學物質，絞碎的鈔票會被歸類為有毒廢料。

為了取代被絞碎的紙鈔，聯儲會下令鑄印局印行新鈔——不過，先別妄下定論。坊間盛傳政府以印鈔票解決預算問題的傳言，結果證實毫無根據。事實上，政府不必印鈔票來降低貨幣價值，它只需要用不存在的資金，買回價值好幾十億美元的公債即可。

個中的原理是這樣的。我用引號加註「購買」和「付款」等字眼，因為其中並未涉及真正的現金。當經濟衰退或進入蕭條，聯儲會希望以更多貨幣刺激經濟，就打電話給它最寵愛的公債交易商，向他們「購買」公債（這些是舊有的公債，不是每週在大廳裡拍賣的新公債）。聯儲會「付款」的方式，則是在公債交易商開設帳戶的銀行中，增加數十億美元的準備金。這跟在銀行餘額後面多打幾個零一樣易如反掌。

當準備金增加了「數十億美元」，銀行就有更多錢提供貸款，讓民眾更容易借錢，導致利率降低。這對生意大有幫助，可是也存在著通貨膨脹之虞。

當經濟逐漸失控，通貨膨脹眼看就要發生，聯儲會往往試圖讓經濟降溫，又叫做「緊縮」。當聯儲會試圖緊縮銀根，或說施加升息的壓力，它便致電同一批公債交易商，賣回同一批債券，然後從這些銀行的準備帳戶中抹去幾十億美元。這就縮減銀行可以借出的金額，加高顧客的貸款難度，導致利率上升。

這套解釋無疑過分簡化，不過這樣已經夠複雜了。當你聽到「緊縮」或「放鬆」，要記得這些公債以及它們被「購買」的有趣方式。有關票據交換、消耗準備金、初級與次級市場、公庫存款暴增、執行系統回購協議，和我無法理解的聯儲會其他功能，我還是少說為妙。不過我確實發現，大名鼎鼎的貼現率，不過就是聯儲會向各家需要緊急貸款的銀行索取的利率。

我獲准參觀之前提過的，舉辦公債交易的特殊房間，稱為公開市場室。這裡警備森嚴，直逼樓下的金窖。裡頭有一張大黑板，類似我們在未開發國家國際機場裡看到的起飛與抵達航班表。抄寫員站在高階梯上，忙著擦掉舊數字，填上新價格；這些是市場現有的數百種債券的即時市價。黑板前方，二、三十名左右的電話人員致電世界各地的債券交易商，獲取最即時的價格，然後把價格傳達給抄寫員。

聯儲會一日的工作結果——債券拍賣、國庫券價格、準備金的緊縮與放鬆——在在牽動著整條華爾街。聯儲會在公布這些資訊時思慮非常周到。它定期舉行記者會，在所有人都拿到媒體新聞稿之前，沒有人能離開記者會現場，如此一來，衝向電話的賽跑才能公正公平。

可惜，我錯過上一場記者會了，記者會在每週四舉行，我去的那天卻是星期一。不過他們還是給了我一份新聞稿，那是八到九頁密密麻麻的數字，包括M-1、M-2、M-3的貨幣供給量，以及最新統計的聯邦公債總額，總計一千五百八十六兆三千億美元，地方公債則是五兆一千億美元。這些資訊對我而言就跟梵文沒兩樣，不論我遲了一個禮拜或早一年拿到，都無關緊要。

15 拜訪店頭市場

三月初，股市全面上揚，我的選擇權也跟著水漲船高。我在二月二十一日買進，兩星期後脫手變現，獲得滋味美妙的四百美元利潤，實在太感激占星師和他的「電子人理論」了。

我大可以回頭找克勞福先生，根據他的最新建議加碼買進選擇權，可是我想，凡事都得適可而止。跟葛雷素先生這位專業操盤手相處一晚後，我確信自己不過是瞎攪和一場，因為就連他，似乎都沒有把握今天或明天究竟會賭贏還是賭輸。我猜，我這回能賺錢，是新手的運氣吧，應該見好就收。做比較簡單的股票，似乎比較明智，畢竟我對股票的認識相對較深。

遺憾的是，埃斯特朗股價進一步下挫，我從選擇權賺進的四百元，甚至還不夠賠。雖然「要耐心等候」以及「別太早賣出」等格言鼓勵我堅持下去，可是我開始懷疑，是否應該更仔細聆聽「認賠永不嫌遲」的警告。坦白說，我再也無法忍受持有埃斯特朗，就像你無法忍受聽到我再提起它一樣。關於即將簽署的大訂單，以及問題即將解決等報導，聽起來，越來越不牢靠。

不過，在壯士斷腕之前，我想先見一見直接涉入這檔股票的人，聽聽他們的高見。據我所知，埃斯特朗是在店頭市場進行買賣，也許我該去拜訪負責埃斯特朗的專員。問題是，這個「店頭市場」到底在哪裡？

我假設它就在華爾街一帶，結果我錯了。我詢問華爾街上許多無辜路人，終於碰上一位博學多聞之士，告訴我店頭市場的總部，其實是在華盛頓。後來我得知，「店頭市場」的全名，是全國證券業協會行情自動傳報系統（National Association of Securities Dealers Automated Quotations），也叫做那斯達克（NASDAQ）。

寂靜無聲的交易場

我買不起票價昂貴的都會特急列車（Metroliner），只好搭慢車南下華府，然後跟別人共乘計程車進城。計程車司機在K街一棟小型的辦公大樓前放我下車，我原本以為他搞錯地址了。見識過紐約證交所雄偉的大理石外牆後，我完全沒料到，那斯達克看起來好像全國瀝青協會，或是其他同樣貌不驚人的華府組織。

那斯達克大樓裡沒有檢查哨、沒有警衛，幾乎連大廳都付之闕如——只有一條空盪盪的走廊和兩部電梯。我乘其中一部電梯上樓前往公關室，在那裡會見新聞部副主任安諾．哈賓，我跟他約好了。

哈賓先生穿著一套皺巴巴的麻紗西裝，一派輕鬆模樣，比我在紐約證交所餐廳看到的任何人都寫意得多。他領著我穿越一般的祕書辦公區，轉過檔案櫃，越過影印機，告訴我他之前原是《生活》（*Life*）雜誌的總編輯。

在他的辦公室裡，哈賓先生描述那斯達克如何迎頭趕上其他證交所、法人投資人何以購買較多的店頭市場股票，以及那斯達克如何成長至四千家企業，是其敵手紐約證交所的兩倍有餘。他說，就在我採訪的這一天，那斯達克掛牌股票的總市值高達三千六百億美元。那斯達克的掛牌企業當中，規模最大的，被納入哈賓先生所說的全國市場系統（National Market System），提供最即時的交易資料，一如紐約證交所的做法。重要性稍遜一籌的股票構成第二級，簡稱店頭市場。最後才是由資本額最低、最無足輕重的股票——所謂候補股（supplemental）——構成的第三級。我知道，埃斯特朗隸屬於第三級。

「候補股不就意味事有蹊蹺嗎？」我問。

「不盡然，」哈賓先生說，「候補股是小型股票，沒什麼人注意。它們未達我們其他範疇所要求的財務條件，但那並不表示它們就不牢靠或周轉不靈；它們仍是那斯達克的一員。」

「但是，股票究竟在哪裡交易？」我納悶地問，「樓下，還是這棟大樓的某一層，還是什麼地方？」

「我帶你去。」哈賓先生說。他起身招呼我離開他的辦公室。我們走了幾步路，然後停在一張窄桌子旁。這張桌子不比一般廚房流理臺長，上頭堆滿了報紙、型錄和常見的辦公室垃圾。在這些破瓦殘礫之間，坐著一台電腦終端機。

「這就是了，」哈賓先生一邊說，一邊輕拍著終端機。「那斯達克的核心。你心中有哪一檔特定股票，想看看它們的交易狀況？」

我告訴他我的股票名稱，外加代號ＡＴＳＩ。他坐到終端機前，輸入幾項指令，螢幕列出幾家耳熟能詳的券商：對於埃斯特朗，美林和高盛的買單報價是$1\frac{3}{8}$，賣單報價則是$1\frac{1}{2}$；另外有三到四家知名度較低的券商願意在$1\frac{5}{16}$時買進，在$1\frac{7}{16}$時賣出。「出價」和「要價」之間的差距，就叫做價差。

「那些就是想買你股票的人，」哈賓先生說，「想買你這檔小股票的不多。像ＭＣＩ通訊這種大型股票，可就熱鬧了。」口說無憑，他敲進ＭＣＩ的代碼，我們眼前出現了長達兩頁的買家與賣家，大概有三十家左右。

「但是，專員們在哪裡？」我不明白，「他們站在哪裡？」

「沒有專員，」他說，「妙就妙在這裡。電腦取代了專員，他們哪裡也不站，分布在全國各地，電腦網路就是交易大廳。你要是想買幾股ＭＣＩ，就把訂單交給你的營業員，營業員送交下單櫃檯，櫃檯從終端機叫出名單，就像我們在這兒所做的一樣。買家和賣家可以過濾這份名單，挑出最好的價格，當場透過鍵盤完成交易。」

「你如何決定向誰買進或賣出？」

「首先，不用說，你得挑出價錢最好的。但是如果價格相同，就由抽籤系統決定誰能成交。沒有暫停交易或者失衡的問題，總有人願意買進或賣出。這樣，你更有機會拿到比較合理的價格。」

儘管，埃斯特朗的股價低迷不振讓我大失所望，但是這套店頭系統令我印象深刻。沒有狂亂的交易，沒有交易廳裡的推擠吶喊，沒有滑稽的手語，沒有尼古丁煙霧，沒有水泄不通的人山人海，沒有垃圾，沒有拿著帳冊站在交易站裡的神祕專員。事實上，這裡一片闃靜，你甚至可以聽到影印機的嗡鳴聲。

看著哈賓先生坐在終端機前，我開始以全新角度思索一般的證券交易所。在井然有序的電腦系統輔助之下，市場不再需要富麗堂皇的大型建築、頭頂的電視螢幕、場內營業員或者信差。紐約證交所也許是錯置了時代的榮光，一如英國皇室或美國騎兵部隊，只能淪為觀光景點了。

電腦改變了店頭市場的命運

回到他的辦公室，哈賓先生告訴我，店頭市場如何從又小又簡陋的市場，買賣無人聞問的股票，搖身一變成為最先進的交易型態。店頭市場始於戶外，有價證券在樹蔭下的長桌子買賣，價格則標示在臨時黑板上。這跟紐約證交所的起源如出一轍。不過，紐約證交所在十九世紀轉往室內發展，針對交易方式進行現代化改革，店頭市場卻成了「另類」市場，雜亂無章，不受管制；往往很難找到買家或賣家，無行無市，只能在各地發行的「粉紅單」（pink sheet）上看到價格，資訊通常過時且不正確。

哈賓先生說，一九三九年，業者同意接受正式法規控管，納入證管會羽翼之下，店頭市場變得較為組織化。興革後的組織，靠著再次發行股（secondary issue）和交投清淡的股票維持一線生機，吃著大型證交所不要的殘羹剩飯存活，直到電腦降臨。一夕之間，結構鬆散、交易人分散各地的缺點，頓時成了它的最大優點。紐約證交所與美國證交所這類龐大的組織機器，由於已耗費鉅資投入他們的建築、交易大廳、席位、種種排場和專員，自然不情願拋棄一切，換成電話線路和幾具零星的終端機。但店頭市場的交易員卻樂得以電腦取代粉紅單，於是很快的，那斯達克便大幅跨越它那曾經所向無敵的競爭對手。

我採訪哈賓先生的當天早上，報紙全是丹尼斯．利文（Dennis Levine）先生的新聞：這位德崇證券員工違反了中國牆（Chinese Wall）。所謂「中國牆」，據我了解，是某種只防君子不防小人的屏障，在證券承銷人員與負責企業購併或投資銀行業務的人員之間，築起一道無形隔板，以防走漏消息，對股價產生影響。跨越這道「牆」，不僅有欠君子風範，更有違法紀，而這就是利文先生被指控的罪行。報上說，他跟其他人靠著不當行為——也就是內線交易，狠狠地撈了一票。

到目前為止，我還沒動過內線交易的念頭，不過我還是請教哈賓先生，那斯達克如何處理這類問題。哈賓先生表示，那斯達克電腦的警示系統，讓內線交易人和其他目無法紀者的罪行無所遁形。他主動帶我上樓參觀那斯達克的市場監管部門，把我交給一位伯納德・湯普遜先生。湯普遜先生正準備介紹這間辦公室和監測系統，突然間，警鈴大作。

聽起來彷彿核武攻擊警報，呼嘯聲催促許多人匆忙趕往電腦主控站和電傳打字機。「怎麼回事？」我問湯普遜先生。「參數，」他說，「參數肯定被破了。」

恢復平靜之後，湯普遜先生解釋，參數是股價波動的正常上下限，那斯達克替好幾千支掛牌股票計算出參數，設定了電腦程式。倘若任何一檔股票價格衝過上限或跌破下限，尤其當出現龐大的買盤或賣盤，便會自動觸發警報。在這次狀況中，罪魁禍首是一支叫做波克夏・海瑟威（Berkshire Hathaway）的股票，當時正以難以置信的每股兩千五百美元天價賣出，使它成為全球最高價的股王。我走入這間辦公室的時候，波克夏・海瑟威顯然已突破了參數。

「也許只是虛驚一場，」湯普遜先生說，「或許發布了什麼消息。我們的監測系統和電傳機器會進行檢查，通常只是假警報。」

那斯達克設置十二名人員專職調查這些偶發事件，他們首先尋找某種合理解釋，例如重大的企業公告。當企業發布重大訊息，好比拿到什麼大訂單，股票就會衝高，買賣數量龐大。倘若股票出現莫名其妙的詭異走勢，或者更糟——在發布訊息之前爆出大量，股價大漲，就有理由懷疑其中必有蹊蹺。只要去查一下，即可知道誰是最大的買家或賣家，然後可以循線查到經紀商，再從經紀商追蹤到投資人，要求投資人說明如何能把時機算得如此精準。

湯普遜先生說，要查明股票衝破參數的確切原因以及幕後主使者，並不需要花太多工夫。監管部門無時無刻不張大眼睛注意盤末的上漲，以及其他遮掩不了的價格操縱跡象。

蒐證完畢之後，那斯達克人員會把最大的嫌疑分子送交證管會深入調查，也許進一步起訴。湯普遜先生告訴我，今年截至目前為止，證管會已偵辦一百樁案件。從我在監管辦公室目睹的一切，很難想像任何人、任何事可以逃過他們的法眼。我放下一半的心，因為埃斯特朗始終沒拿到大訂單，價格最近也沒上揚，絕不會觸發警報，引來證管會介入。

16 你有沒有打過電話給分析師？

從華府返抵紐約，答錄機上有一則來自威廉．海斯的留言，他就是在證交所帶我吃午餐的那位先生。他邀我參加一場證券分析師協會的會議，地點在百老匯大道七十一號。這項邀請，間接指引了我做出第三筆投資。

你可曾想過打電話給你的分析師？我指的是股市分析師——那些撰寫報告，好讓券商寄給你，順便附張便條寫著「本公司極力推薦這檔股票，隨信附上分析報告」的人。不知道為什麼，我從來沒把分析師當成可以接觸的真人，直到海斯先生告知我這項事實。

我參加的這場會議，實際上是協會內部一個委員會的小型聚會。坦白說，真教人難過。他們是一群可悲的四、五十歲白領專業人士，全都丟了工作。他們說自己是一群被遺忘的少數民族——你可沒料到會從華爾街白人中上階級口中聽到這樣的話。他們抱怨說，自己輸給了年輕一代衝勁十足的分析師，這些後起之秀如今是券商的新寵。

從他們的故事，我學到幾件有用的事：（一）全國上下總共有一萬五千名分析師，絕大多數集中在紐約；（二）券商分析師的職責在於服務我們——也就是買股票的投資大眾；（三）分析師可分為「基本面派」與「技術面派」，雙方抱著我在投資研討會中聽到的同樣歧見；另外，還有利用某種微積分的「計量派」，唯有「計量人」才能理解另一個「計量人」；（四）大多數分析師擁有企管碩士學位，見多識廣；以及（五）他們或許是最早嗅出買賣股票時機的先覺。

最後一項資訊真令人興奮，要是早一點知道就好了。感謝海斯先生想到邀請我，因為會議隔天，我重返紐約證交所的訪客展覽廳，突然萌生一股強烈衝動，打算一古腦兒脫售埃斯特朗，從此跟它一刀兩斷。

快刀斬一半亂麻

當天下午，道瓊工業指數上漲了四十一點。從我踏上征途以來，道瓊的漲幅已超過三百點——這是我一直設法忽略的事實。比起在惡劣的市場賠錢更糟糕的事，就是在史上最強勁的多頭市場（有人已開始如此頌揚）中賠錢。其他在訪客展覽廳的Quotron報價機前迭聲詛咒的人，跟我同是天涯淪落人。許多投資客買了沒跟大盤一起上漲的小型店頭市場股票，他們也同樣揚言出清持股。

下午三點左右，我開始慌慌張張尋找公共電話。我在訪客展覽廳裡橫衝直撞，檢查走廊與廁所，可是四處都看不到電話的蹤影。警衛一定以為我瀕臨精神崩潰，建議我搭下一班電梯到樓下大廳，可是大廳也沒有電話。從這點看來，紐約證交所還真像賽馬場，不可以在終點線幾百碼內設置公共電話。

出了大樓，我從安納托利以及其他在三月寒風中打哆嗦的糖果小販旁跑過。我試圖使用街上一兩具露天電話，可是按鍵凍得無法動彈，我要是按完號碼，肯定會得凍瘡。尋找熱源的生物本能，指引我穿越華爾街五十號的工人出入口，再走進大樓後廊。那兒有幾台推車，裡頭堆滿了垃圾。仔細一看，原來都是德崇證券的電腦列印資料以及其他廢物。他們的紐約總部想必就在正上方的某個樓層。

德崇大樓的走廊一隅有一個電話亭。

我拾起話筒，開始撥電話給蓋瑞特小姐，內心五味雜陳，久久不能自已。首先，從被我背叛的券商總部打電話給我的培基營業員，我深覺愧疚。這種感受，很快被不論什麼狀況下打電話給蓋瑞特小姐都活像個白痴的感覺所掩蓋，埃斯特朗在史上最強勁的多頭市場不升反跌的事實，對我倆的關係沒有太大幫助——至少就我這一邊而言是如此。

然後是賣與不賣之間的左右為難。你持有的任何一檔股票，最終都有上漲的可能，但是認賠殺出，不啻是強迫自己承認錯誤。在此痛苦的關鍵時刻，我想起偉大的加百列，想起聰明的投資人會不會為了這渺茫的機會繼續撐下去。

老實說，我其實還一度擔心，賣掉埃斯特朗會傷了蓋瑞特小姐的感情。不過，我提醒自己這段話，我把它留做給你的第十四條祕訣：

別只為了讓你的營業員高興而繼續賠錢。

但就在撥完號碼那一刻，我還是差點打退堂鼓。蓋瑞特小姐接起電話的瞬間，我為種種衝突糾葛的感受做了一個合理的妥協：賣一半。

「埃斯特朗現在值多少？」我問。

「$1\frac{13}{16}$。」

「有沒有別檔股票是分析師推薦的？我想聽聽分析師的意見。」

「說來可真巧了。我才在我們的通話匣上，聽到一名分析師提到吉列（Gillette），南西．霍爾建議買進，她非常看好本土市場。」

（「通話匣」是設立在這些分公司的擴音器，與總公司連線。分析師透過這個擴音器，同時對數千名地方營業員宣布他們的最新推薦，然後營業員再把新的構想傳遞給你。）

「誰是南西．霍爾？」

「我們在紐約的化妝品分析師。」

搶先得知分析師的建議，讓我興奮不已，我當場就下單買進吉列。我賣出兩千五百股埃斯特朗，總價四千兩百八十九元七毛五，賠了七百八十一元八毛二；所得幾乎全數投入買進五十三股吉列，每股79 ¼。我沒忘了問吉列的本益比，蓋瑞特小姐回答十四。她猜吉列的十四，應該遠比埃斯特朗的本益比低。我很篤定，法蘭克先生一定會大表贊同。

買進股票之後，我立刻致電霍爾小姐。聯繫上分析師本人，比想像中容易。培基電話總機直接轉接到她的專線，她親自接起電話，我介紹自己是個作家，也是培基的客戶，剛剛才針對她的推薦股之一買進了重大部位，想確定自己沒有做錯，她親切地允許我到辦公室找她。

「重大部位」這句話肯定收了效，不過若不是這檔股票花了我不少錢，我也不會這麼說。如果你想知道買進多少股份才有資格打電話騷擾分析師，我建議你遵照第十五條小祕訣：

假如持股低於五十三股，千萬別打擾分析師。

培基坐落在曼哈頓南端沿著水街（Water Street）的眾多大樓之一。霍爾小姐的辦公室位於較高樓層，接待室裡擺滿了我會稱為精品骨董家具的擺設，只不過，我自己永遠分辨不出真品與贗品就是了。

南西．霍爾從另一端房門走出來迎接我。她身材高䠷，面貌姣好，萊姆色的絲巾有如背鰭似的懸盪在她背後。如果她在警局的指認室裡排排站，我會猜她是時裝模特兒，而不是股票分析師。我原本以為，分析師會更樸素、更憔悴。

她引我穿越走廊，進入她的辦公室，港口美景一覽無遺。裡頭堆放了凌亂的文宣品與雜誌，雜誌堆上頭，則擺著霍爾小姐分析的化妝品公司寄來請她試用的各種刮鬍刀與生理用品。事實上，她儼然在這兒經營起一間小雜貨鋪呢。我甚至還沒坐下，她就遞給我吉列最新上市的拋棄式刮鬍刀。那是一把可轉動的棕色刮鬍刀，她請我試用，然後給她一點意見。

霍爾小姐魅力四射，嫵媚動人。她說她入行不過兩年半，之前原在《哈潑時尚》（*Harper's Bazaar*）擔任主編。很高興聽到她說，股票分析師與記者的工作之間，其實有許多雷同。跟記者一樣，她的工作時數很長，每天十到十四小時。跟記者一樣，她也有自己專營的路線——化妝品業，替十幾家企業撰寫「報導」。不過就我的經驗看來，她和記者還是不一樣，她的年薪大約在十二萬五到二十萬之譜，假如她的報導最後證明屬實，還要加上可觀的紅利。

談到吉列，霍爾小姐首先恭賀我做了明智的選擇。雖然她自己偏好雅芳（Avon），但是她確信吉列絕不會讓股東失望。「我們在這檔股票每股五十元的時候就看好它，」她說，「現在仍不改初衷。」她表示培基有個一分到五分的評比系統，一分代表「積極買進」，兩分代表「擇機買進」，三分代表「持平」，四分代表「換股」，五分則代表「賣出」。每檔股票會有兩個數字，第一個數字看的是短線，最長六個月，第二個數字則看六到十八個月的長期發展。雅芳的評比是「一—一」，吉列則以「二—二」緊追其後。

比評比更重要的是年度盈餘預估，霍爾小姐估計吉列的盈餘大約在每股五塊六毛到五塊七毛之間。股票當時市價八十元，以八十除以五．六，我算出本益比為十四．三，只比我先前聽到的高一些。

霍爾小姐繼續解釋，吉列去年的重點，在於美元走軟造成海外盈餘大增；今年則將著重於刀片與化妝品市場占有率的提升，因而導致本土利潤上揚，尤其是假如人們對新的棕色刮鬍刀反應良好的話。她斷定新的Dry Idea止汗劑與Brush Plus化妝品將是賺錢機器，舊型刮鬍刀的銷售也會出現穩定成長，並且預測White Rain洗髮精、潤髮乳與慕斯將捲土重來。

至於內部，霍爾小姐說，該公司正計畫分割股票，並且隨時準備好吞下毒藥丸（poison pill），以防企業禿鷹的攻擊。毒藥丸聽來有點難消化，不過霍爾小姐再三強調，那只不過是重整特定資產以保護投資人的方法。股票分割將使股價腰斬一半，讓一般投資人更容易下手買。

雖然霍爾小姐說服力十足，可是我想，多徵詢別人意見總是有益無害。我盡可能迂迴地提起這一點，她很體貼地給了我其他幾位追蹤這檔股票的分析師名字。事實上，她似乎跟我一樣急於聽聽其他分析師的看法。「如果你聽到什麼好玩的要告訴我，」她說，「你可以隨時打來。」對我而言，這是個奇怪的請求，因為她既然有電話號碼，大可以自己跟他們談。不過我沒有深究其中原因。

遍訪股票分析師。

名單上的第一個名字，是美林的迪帕克．拉吉。我迫不及待的聯絡上他。我一提起自己曾採訪霍爾小姐，他就邀請我走一趟美林總公司。他辦公室裡的陳設，也是像骨董家具店。

你猜對了，拉吉先生正是印度人。他太不耐煩，無法長時間閒聊。假如我那五十三股是透過他買的，他也許會有多一點時間。他告訴我，他從一九七九年便開始追蹤化妝品業，家住在紐澤西，工作時數也很長。他最津津樂道的，無非他多早以前便發覺吉列的潛力；分析師稱之為他們的「先期追蹤」（initiation of coverage）。拉吉先生一九八〇年開始追蹤吉列，當時股價大約二十多元，經他的推薦，股價直衝到最近的八十元。真是相逢恨晚。

至於吉列的未來遠景，拉吉先生抱持審慎樂觀的態度。雖然他給吉列「高於平均」的評等——就美林的術語而言，這是「買入」之下與「賣出」之上的分數，但他的反應似乎不像霍爾小姐那麼熱烈。他直陳競爭的憂慮：「Bic在做什麼？舒適牌（Schick）有什麼動靜？這是一場市場占有率的戰爭，不是你死，就是我活。」拉吉先生的辦公室裡沒有免費試用品，他說他懶得自己嘗試那種新的棕色刮鬍刀。

或許我不該提起霍爾小姐急於知道拉吉先生的見解，但是我說溜嘴了。他似乎漠不在意霍爾小姐的想法，他更看重的是黛安娜．坦普的意見，想知道我能否到所羅門兄弟去見她一面。

我約好時間跟坦普女士見面；這並不困難，因為我告訴她的祕書，我是迪帕克．拉吉先生介紹來的。坦普女士的辦公室照例位於水街一棟大樓的較高樓層，可惜看不到港口景觀。

坦普女士身材魁梧，比起我曾訪問過的兩位同業，看起來稍微年長些。她告訴我她曾在化妝品業打滾了十五年，這或多或少確認了她的年紀。坦普女士也比另外兩人內斂，而她似乎不喜歡吉列。

倒不是她不喜歡吉列這家公司，而是她認為該公司的盈餘「落後大盤」。「我不會指明『賣出』，但是盈餘成長將低於平均，」坦普女士說，「不過White Rain洗髮精品牌倒是表現不錯。」她預估每股盈餘在五元六毛水準，跟霍爾小姐所見略同；不過她對這家公司態度冷淡，霍爾小姐卻是著迷不已。這實在令我百思不得其解。我轉述霍爾小姐的意見，可是坦普女士似乎不怎麼感興趣。她比較急於知道拉吉先生的說法。她還提起帝傑（Donaldson, Lufkin & Jenrette）的一位艾莉絲．畢比．龍利；而帝傑剛好是我的下一站。

我在不脫慣例的較高樓層跟龍利小姐報到，她活潑可愛一如霍爾小姐，而且有個迷人的習慣，就是脫掉鞋子，一邊談話一邊扭動她的腳趾頭。對某些專業而言，這種細節根本不值一顧，可是在表象受到如此精心維繫的華爾街，任何脫軌行為都能引人注目。

龍利小姐說，她擁有比較文學的博士學位。我不明白這個學位跟分析師有什麼關聯，她笑著說，「我以往會拿起詩詞，不厭其煩分析到底。」比起研究詩人狄倫．托馬斯（Dylan Thomas），研究化妝品公司的薪水優渥多了，受此誘惑，她離開了英語系的職務，轉投券商陣營。

說起吉列，龍利小姐的態度說不上熱烈，聲稱這檔股票屬「適度買進」。這個見解大約介於坦普女士與霍爾小姐之間。不過此時，我對吉列本身的興趣稍減，反倒很想聽聽分析師對彼此的看法。他們之間的鉤心鬥角讓我看得入迷，他們對同儕意見的那種奇特的先入之見，更是深深吸引了我。既然如今我被拖下水了，我告訴龍利小姐，我覺得自己是某種陰謀的信差，被派遣從一間辦公室到另一間辦公室，充當霍爾小姐不支薪的間諜。我想不透，有必要這樣搞嗎？

龍利小姐解釋，分析師跟我想像中不同，他們並非孤軍奮戰的統計學家，坐在後勤辦公室裡鑽研年報。他們是一群愛哈拉的人，大部分清醒時間都在講電話，花一整天工夫跟重要投資人聊天，圖謀發揮影響力，盼望搶先挖到之前一個通電話的人沒挖到的新資訊——例如洗髮精銷售額不尋常的躍升，或者刮鬍刀部門意料之外的虧損。雖然彼此競爭的分析師之間，並未存在直接對話的慣例，但是他們的飯碗可能取決於別人對他們的評價。每個人都想先做好準備，以免讓客戶覺得他們的消息不夠靈通。

龍利小姐舉例說，她剛拜訪了雅芳。「我回來，坐下，然後打電話給我所知道持有這檔股票的每一個人，告訴他們我的新發現。這就花了我大半天工夫。」在此同時，她的競爭對手如拉吉先生或坦普女士，或許也同樣拜訪了雅芳，也正忙著聯絡同一群投資人，解說他們的新發現。「我聯絡的客戶，說不定才剛剛掛斷黛安娜．坦普的電話，」龍利小姐說，「我會從客戶口中聽到黛安娜的說法。他也許會對我說，『你的盈餘預估是五塊六毛，聽起來有點低，黛安娜預測會到五塊八。』」

至於他們的第一手資訊來源究竟是什麼，龍利小姐說，大部分直接來自企業總部。每一位吉列分析師，每週都會打兩次、三次、甚至四次電話到波士頓找密爾頓·格拉斯。格拉斯先生是吉列的副總，負責向華爾街提供有關公司進展、盈餘預測等最新消息。掛了他的電話之後，分析師立即致電投資大戶，希望趕在其他分析師之前報告最新狀況。

面會第一手資訊來源。

我驅車北上波士頓，面見格拉斯先生。他是位無懈可擊的紳士，我們在他的辦公室敘談的時候，他對吉列分析師的慈祥關愛表露無遺。由於分析師們每週至少跟他通電一次，一年則有四次機會在季度會議中碰面，他對他們相當熟稔。

在高階主管餐室享用豐盛午餐之際，我對格拉斯先生談起我的看法：培基證券的霍爾小姐熱情奔放，美林的拉吉先生謹慎小心，所羅門兄弟的坦普女士似乎有一點乖戾。他透露，坦普女士的私生活正遭遇低潮，這或許能解釋何以她的盈餘預估很高，卻對吉列抱著負面態度。「去年，她挑選我們的Body Flowers噴霧香水做為年度商品，可惜產品失敗了。我警告她，我本身並不喜歡這個產品。」他說。他很開心聽到霍爾小姐的本土市場報導，因為這樣的報導涵蓋了其他分析師收到的同樣資訊，只不過想像力更豐富些。

跟格拉斯先生相處幾分鐘之後，我開始理解，為什麼華爾街分析師的意見往往殊途同歸，為什麼他們對吉列的盈餘預估總落在非常狹窄的區間裡，樂觀派與悲觀派的區別幾乎不到一毛錢。他們的消息不僅來自同一個來源，而且格拉斯先生打定主意，在同一時間告訴所有人同樣的訊息，沒有人受到偏袒。

「偏袒某一位分析師是非常嚴重的，我不做這種事。」格拉斯先生說。他讓我想起監督學生撰寫期末報告的大學教授，而他的學生們——霍爾小姐、龍利小姐及其他人——運用同樣的基本素材，達到預期中的類似結論，只不過每個人使用了不同的詞藻點綴。

格拉斯先生或多或少證實，分析師的效用在於回頭向企業解釋企業原本即已知道的營運狀況。過火的諂媚、批評或不尋常的結論，很可能破壞分析師與企業的關係，而他或她日後還得繼續分析這家公司。儘管吉列對所有分析師一視同仁的態度是出了名的，格拉斯先生可以確定的一點是，對某些公司而言，多疑的分析師就如同那些多疑的報社記者，很可能失去官方消息來源的歡心。

這一切的一切，我聽得津津有味，直到上甜點，才想起要問格拉斯先生有關這檔股票的消息。假如分析師告訴大客戶的，不過是轉達格拉斯先生的話，那麼我現在就坐在消息來源身旁，絕對正確可靠。我靠近咖啡杯，湊過身去，試著不露痕跡地壓低聲音說，「也許基於你的職位，你不能說些什麼，但是你認為我在79 ¼元買進，算不算好價錢？」「不知道耶，」格拉斯先生的嗓門很大，「我一兩個月前就在六十元價位賣掉我的所有股份。」

回到紐約的培基證券，我再度拜訪霍爾小姐，把上述事件一五一十告訴她。我在她的辦公室逗留了一整個下午加一整個傍晚，跟著她進進出出。她帶我上樓參加一場高檔的自助餐會，那是新進營業員接觸紐約嚴酷生活的第一課。餐會上有許多魚子醬和小小的鵝肝醬三明治，還有喝不完的酒。之後，她讓我坐在她的辦公桌旁，她則忙著打電話聯絡。

跟龍利小姐一樣，霍爾小姐似乎除了工作還是工作。早上，她在通話匣上準備簡報、幫忙企鵝牌服飾計畫即將到來的「巡迴表演」。「巡迴表演」是旋風式的全國巡迴旅行，分析師藉此機會會見地方上的證券營業員，鼓吹人們支持他們鍾愛的股票。

即使在來去電梯或化妝室之間的走廊上，霍爾小姐仍然片刻不離工作。她偶遇一位共同基金經理，我看見她立刻抓住機會，大肆鼓吹吉列，並且遞給他一把新的棕色旋轉刮鬍刀試用。她總是時時刻刻睜大雙眼，為她鍾愛的股票尋找潛在投資人。

如果你以為，分析股票是分析師最首要的任務，那你就大錯特錯了。跟霍爾小姐相處幾小時後，我發現，要當個稱職的分析師，首先得做個推銷員。沒錯，推銷幾乎占據了霍爾小姐的全部心力。推薦吉列還算簡單的，接下來還得四處搧風點火，刺激需求，哄抬價格，藉此實現她的預言。

（很顯然的，分析師並非從一開始就是門推銷業。他們曾經扮演類似會計師的角色，不過一九七五年五月一日廢除股票固定佣金制以後，一切都變了。這一行出現革命性大轉變，分析師一夜之間從文靜內向變得活潑外放，原因我稍後再解釋。）

拜訪各家分析師以後，許多事情逐漸明朗起來，讓我越來越了解，身為散戶所要面對的一切。舉例來說，「賣出」這字眼很少出現在證券公司的報告上。分析師非常討厭「賣出」這兩個字，尤其當他們所扮演的是推銷員的角色。「你恐怕不會有太多機會聽到『賣出』，」拉吉先生坦承，「我們美林的人如果說『賣出』，社會大眾就會指控我們摧毀了這檔股票。」

我不知道從什麼地方讀到，買進建議與賣出建議的比率，大約是五十比一；這趟旅程下來，我覺得此話所言極是。倘若分析師高喊「賣出」，他很可能失去企業寵愛，被擠下電話名單的有利位置。就算股票果然如其所料由紅轉黑，基於他先前「買進」訊號而進場的投資大戶，也許會責怪他當初為什麼沒看清楚。

我先前提過培基的「一－一」與「二－二」、所羅門的「表現平平」或「超越大盤」，以及美林的「中等」、「高於平均」等等。券商使用的各種評等系統，是語言民主的一大表現，有點類似古代朝臣的阿諛之辭，用來掩飾直率的批評。相對於「賣出」，券商寧可說「持股觀望」。**持股觀望**是奉勸客戶趁早脫手的婉轉說法，不至於冒犯銀行實業家和其他重要關係人。一些券商不必使用**買進**與**持股觀望**等詞彙，就能收到同樣效果。他們用的是**正面**與**中立**（取代**賣出**），或使用培基那一套數字評等系統。其他用來替代**賣出**的字眼還包括**投資別的地方可能更好**，以及**也許略遜大盤表現**。

私底下，分析師會詮釋隱藏的涵義，只說給貴賓客戶聽。分析師可以毫無顧忌使用**賣出**這個可怕字眼的地方，就是私下與大戶通電話的時候；這，是散戶永遠被蒙在鼓裡的祕密。

17 漫步買方

前面為了方便說明，我過分簡化了分析師這一行。其實，他們還有更錯綜複雜的一面：買方分析師（buy-side analyst）。投資大戶聘用買方分析師，只為了詮釋南西・霍爾與黛安娜・坦普每天打五次電話告訴他們的事。我一直到了這趟旅程的尾聲，才發現自己只採訪了賣方分析師。

事情的經過是這樣的。有一次跟霍爾小姐聊天，她告訴我，吉列的最大股東是花旗集團——大約持有一百六十萬股的股份。花旗集團一百六十萬持股的動態與我休戚相關，假如他們基於某位分析師的建議，決定一舉拋售他們的一百六十萬股，我那五十三股的價值，鐵定深受打擊。

我向霍爾小姐表達這項擔憂時，她給我花旗集團聯絡人的名字——他們的買方分析師，維樂莉・莫特。那是我第一次聽到「買方分析師」這五個字。

我打電話給莫特小姐，報出我採訪過的一連串賣方分析師的大名，藉此證明我的重要性。她同意見我，過沒多久，我就站在東五十三街花旗集團總部的較高樓層上。莫特小姐的樓層沒有花俏的接待廳，或許因為買方分析師不需要應付一般大眾，因此不必費事花大錢裝點門面，也或許他們把錢都花在機器人身上了。我隨莫特小姐走向她的辦公室隔間時，差點被一具試著遞給我郵件的機器人絆倒。

我先說些有的沒的，然後才問起花旗集團的整體投資組合，藉此把話題引到那一百六十萬股吉列。莫特小姐表示，該公司目前的總投資額約三百九十億美元，相當於希臘全年的國民生產毛額。

莫特小姐集合了年輕自信、好辯與冷漠於一身，個性耐人尋味。我轉述坦普女士、拉吉先生與其他人的說法，試著討她的歡心。她理都懶得理，不僅如此，她根本早就知道他們的說法。買方分析師是可以直接跟賣方溝通的，跟賣方溝通就是他們的分內工作。莫特小姐解釋，她的職責是權衡各個賣方分析師的意見輕重、留意各種意料之外的消息、記錄消息來源，然後針對各個分析師的熱心與合作程度打分數。

我得老實說，到目前為止，買方分析師到底為什麼存在，還是讓我一頭霧水。霍爾小姐進一步解釋：「賣方只能見到樹，買方才有辦法看到整片林。」更確切的說，她說自己聆聽所有八卦和盈餘預估，消息面不只包括化妝品業，也來自汽車分析師、媒體分析師，以及數十名追蹤上百檔股票的分析師，然後向花旗集團的投資組合經理，提出她的選股建議。

接下來這條最後的線索，解開了整個分析師謎團——尤其是霍爾小姐、龍利小姐和其餘分析師何以如此急於討好大客戶的原因。莫特小姐就是這樣的一個客戶。她給所有分析師打分數，彷彿回到高中時代，正是這個評分系統，讓賣方分析師無不戰戰兢兢。他們不僅得擔心莫特小姐這類客戶打的分數，也得擔心《機構投資人》(*Institutional Investor*)等雜誌給的分數。我發現許多分析師桌上擺著這份影響力深遠的刊物，尤其是那些得到最高分數的人。

莫特小姐把打分數稱為「投票」。在她的公司裡，她有五十張票分給各家賣方分析師。她說她很少給任何人超過五票，不過「假使他們總是隨傳隨到」，可能得到四票；「如果他們經常打電話，並且偶爾出現不凡表現」，可能得到三票；「假如報告寫得不錯」，可以得到兩票；如果「什麼事也不做」，就會拿到一票。「我試著不要祭出大鴨蛋，」她說，「有時候，我會給分析師一票，只因為他很好笑。」

這些票之所以重要，是因為它們可以變成鈔票。事情的起源，可以追溯到我之前提過的，一九七五年廢除固定佣金率的那一天。舉例來說，如果霍爾小姐從花旗集團的莫特小姐那兒拿到好分數，就表示花旗集團會透過霍爾小姐的公司——培基證券購買更多股票。培基證券可以賺到更多佣金，霍爾小姐則可以領到可觀紅利。假如霍爾小姐得到爛分數，那麼她和她的公司都得勒緊褲帶。美林和潘韋伯這類大型券商的年度獲利，得仰賴賣方分析師從買進絕大多數股票的大型機構的買方分析師給的分數。

難怪那麼多賣方分析師擅長交際、談吐得宜、儀表出眾、長袖善舞，一點兒都不像我想像中的幕後研究人員。也難怪他們花那麼多時間打電話奉承大客戶，他們無時無刻不戰戰兢兢爭取更高成績。一般散戶若要贏得他們注意，唯一方法就是祭出我們自己打的成績單。

莫特小姐並未明講，但是在所有吉列分析師裡面，我覺得她最中意所羅門兄弟的坦普女士。她對坦普女士的讚美溢於言表，我敢說坦普女士一定得到她許多票。從坦普女士對吉列不冷不熱的意見，我早該料到以下這個令人不安的消息。

當我終於向莫特小姐透露，他們公司跟我有一項共同點——他們的一百六十萬股跟我的五十三股，她偷偷告訴我，花旗集團的投資組合經理人已開始拋售這檔股票，持有比例已經降到低於六十萬股；也許他們其中的五十三股後來到了我的手上。

「比依賴神諭更明智的，」希臘悲劇作家尤瑞皮底斯（Euripides）說過，「就是與神祇為友。」我不知道發什麼癲，竟把這段話引述給莫特小姐聽；這是我犯下的另一個錯誤。在這之後，她似乎有些意興闌珊，懶得介紹我認識他們公司的投資組合經理人，聲稱最頂尖的經理人不是請病假，就是出差去了。無論如何，由於吉列漲了四點，而花旗集團正在賣出，我料定有個分量毫不遜色的投資人正在買進，能跟他們談談想必不錯。莫特小姐很好心地給我艾德．普拉特這個名字，這是她的一個朋友，目前在信孚銀行（Bankers Trust）擔任投資組合經理人。

18 百萬金頭腦

當我聽莫特小姐說，賣方分析師的功用只在於給買方出意見，而買方分析師的功用只在於給投資組合經理人出意見，我知道我距離影響投資大眾最深的人，只剩下一步之遙。據我所知，這九千名左右的投資組合經理人，掌控著紐約證交所七十五%的股份，以及那斯達克逾五十%的股份；他們替共同基金、銀行、退休帳戶及其他法人機構制定投資決策。

我並未立刻前往晉見普拉特先生。我先去見了一位共同基金專家——邁克・利寶。要研究那些廣受歡迎的投資工具，現在正是最佳時機。打從一開始，許多證券營業員便主張共同基金是散戶在股市競爭的唯一希望。一整個世代的投資人買進共同基金，就是因為相信他們的基金經理人，會像花旗集團或信孚銀行的這些經理人一樣。

利寶先生是共同基金業界的海尼斯（Duncan Hines，譯註：美國旅行餐廳評論家，市面上知名的蛋糕粉品牌，即以他命名）、AAA、米其林。他的公司評估各種共同基金，加以分析，然後排出各家表現的優劣。如果你有意比較各個共同基金，定期刊登在《巴倫》雜誌上的利寶報告，將是珍貴的資料來源。

在我看來，共同基金多如星斗，要挑出其中最傑出的一支，困難度不亞於挑選一檔長紅的股票。在歷時半個鐘頭的採訪中，利寶先生證實了這一點。根據他最新的計算，市場上共有兩千五百種不同的基金，包括有需手續費與免手續費的基金、股票基金、債券基金、綜合型基金、海外與境內基金、特定產業與一般基金、國外與國內基金、成長型與收益型基金等等。在一九五〇年，總共也才九十八種。目前市場上的共同基金數量，比一九六五年的股票檔數還多。

根據利寶先生所說，只有三成的共同基金涉足股票，其他七成則投資於債券、銀行存單或貨幣市場。這些收益型基金的誕生，原本是為了解決投資人在好幾千種債券與定存單之間進行抉擇的困難，不過事情發展到今天，你也得在好幾千種基金之間進行抉擇了。甚至還有投資於其他共同基金的共同基金。整體而言，利寶先生估計這一行大約集合了五千億資金。

我突然蹦出這個念頭：**假設你的共同基金決定拋售吉列，而你恰巧剛買了一百股同檔股票，會發生什麼情況？你也許自己打自己。共同基金拋售股票造成股價下跌，迫使你認賠殺出。不過話說回來，倘若你的共同基金買進你原已持有的股票，對你就大有好處了。**這些複雜糾葛值得進一步研究，當散戶抱怨華爾街被大型機構把持時，老忘了自己也在其中扮演了一個角色。

共同基金業發展至今，最大的進展，是除了出現許多新型態的基金之外，還有種種新的佣金與費率名目。有一開始就收費的「有申購費基金」（load fund）、事後才收費的「有贖回費基金」（back-loaded fund）、在年中收取手續費的「無申購費基金」（no-load fund），還有新發明的，一次只拿一點的分期佣金（trailing commission）。利寶先生表示，在多頭市場時期，客戶多半很滿意他們的獲利，根本沒留意申購費與管理費，他預測，等到下次市場轉壞，散戶將會覺醒。「當回到低報酬率時代，」他說，「這些費用將變得非常刺眼，你會發現，人們將單就管理費高低來選擇共同基金。」

當你付錢給共同基金經理人，尤其是成長型基金，你會期望他們的表現能超越你自己操作的成績。問題這就回到普拉特先生身上，以及這些經理人的整體表現。

憂心忡忡的投資組合經理人。

不過，離開利寶先生之後，我還是沒打電話給普拉特先生。相反的，我前往所羅門兄弟，參觀他們的交易室。交易室是大型機構執行決策的地方，在寸土寸金的紐約辦公大樓中，他們有好幾個樓層專門用來從事這樣的活動。所羅門兄弟是交易行動最龐大的機構之一，這正是我急於親眼見識的原因。

這家公司占據了紐約廣場一號的大部分坪數。到了樓下，我突然萌生勇氣拜會大學時期的老友布林，傳言執行董事的身分，讓他每年賺進超過一百萬美元。接待室本身就跟一般房子差不多大，事實上，這還不是布林先生的常駐辦公室。祕書告訴我，布林先生在倫敦上班，也就是說，我現在看到的，只是他出差時掛帽子的房間。

假如你把一整個足球場搬到離地面四十五層樓高的地方，然後放進辦公桌、電話與電腦，得到的結果，就是所羅門兄弟的交易室。這房間全長至少一百碼，挑高三十碼，以一般人踢球的力道，絕對踢不到隔音磚。在這裡，網球選手可以完成高吊球的整個弧線，鳥兒絕不會知道自己置身室內。

兩邊牆壁通常懸掛計分板的地方，是我見過最巨大的股價行情表。報價機跑動的聲音，有如未上油的腳踏車車鏈在齒輪上拉扯的聲響。擴音器壓過嘈雜的背景噪音，宣布：「兩千萬吉尼梅」，或者「價位一一六，九%，動手吧，各位。」彷彿凱瑪百貨對店內顧客廣播宣布促銷消息。辦公桌前的交易員偶爾傳出尖叫或歡呼聲，我可以聽辨出一兩句對話。我抄下了這麼一句，「我會用我那該死的五毛錢買它一把。」

這些交易員看起來都是初出茅廬的大學畢業生，所以當我聽到各種嬉笑怒罵的不雅字眼，並且看到惡作劇的人拉開鄰座的椅子，而另一個人緊緊把同伴的頭夾在腋下時，一點都不驚訝。

這裡恐怕有不下兩百張辦公桌。有些桌上擺了單台電腦螢幕，不過大部分都配置兩台以上。在幾張桌子上，十五台的電視螢幕堆疊成三、四層高，有的顯示柱狀圖，有的顯示線型圖，還有些則顯示冗長的數字欄位。與這些電子器材相較之下，用來幫電腦散熱的桌上型風扇顯得相當原始。

這裡肯定有超過一千具電話，足夠一整個小鎮的人使用。有些桌子在成堆的電腦之間，還會有一整組接線總機。在公關人員陪同參觀之下，我無法深入刺探，但我確實發現，所羅門的交易員全天候二十四小時，不斷買進與賣出全球各地的股票與債券。他們的電話若非與各個證券交易所的交易廳銜接，就是直達其他券商。美國市場收盤後，倫敦或羅馬也許正開盤，之後還會有新加坡或日本或香港。許多員工忙著買賣債券，不過那些負責股票的交易員，則得聽取一同坐在角落裡的投資組合經理人的指令。

在這騷動的環境中，想和投資組合經理人好好談談，似乎毫無指望，於是我向陪同的公關人員致謝，步出大樓。我從一樓大廳打電話給普拉特先生，約好見面時間。

信孚銀行位於中城區一棟大樓，就在第五大道旁，離中央車站不遠。我和普拉特先生在會議室碰面，我代莫特小姐向他致意。如果今天要從人群中指認他，我一定辦不到，我可以確定的是，他穿了套體面的西裝，也記得他四十歲，住在威徹斯特，家庭幸福美滿，擁有企管碩士學位，大學時代就讀康乃爾，從海豐銀行（Marine Midland）跳槽來信孚，在此服務七年了。他也提到自己並非尋常的投資組合經理人，因為他還兼具買方分析師身分。他同時聽取賣方與買方分析師的說法，然後替他主掌的一億五千萬美元退休金計畫進行投資。

普拉特先生帶我走了趟信孚銀行交易室，裡頭的陳設是所羅門兄弟的縮小版，有四、五個人坐鎮在辦公桌旁。他說，交易員等於迷你專員，非常重要，因為他們知道有哪些股票要賣，以及誰願意用什麼價格賣出。不過，真正的信孚訂單並非在此執行。訂單會轉給一般券商，信孚付佣金給他們，好讓他們提出最好的投資建議。

我說我好羨慕他——有這麼多智囊與情資，怎麼可能賠錢？普拉特先生莞爾一笑，接著他透露，投資組合經理人的飯碗其實朝不保夕，必須時時提防其他經理人，而且經常夜不成眠，擔心自己會不會丟掉工作。事實上，十幾位信孚投資組合經理人最近簽訂協議，大夥兒約定買一樣的股票，這樣就不會有人做得比別人差，更不會出現普拉特先生所謂的「表現分歧」的問題。

「我們的協議是這樣運作的，」他說，「我蒐集我的情報，做出選股建議，寫在紙上。其他投資組合經理人也是如此。然後我們集合起來，票選出最好的選股建議。基本上，只要被核准的，就可以放進投資組合裡。」

你或許以為，投資組合經理人會樂見多元化的績效表現，不過普拉特先生讓我明白了，他們寧可放棄一時的表現，也要保住長期飯碗。他們寧願共進退的理由很充分：「假如顧客聽說另一個經理人上一季表現比我出色，他很可能會考慮換成那個經理人。客戶要求績效，他們付錢就是要看績效。」

在我深入了解普拉特先生對於競爭與績效的明顯憂慮之後，我開始懷疑，散戶儘管無知，卻不見得比這些市場之神差到哪裡去。原本以為會遇到一個趾高氣揚的自大狂，沒想到普拉特先生居然跟我們其他人一樣緊張，而且往往迫於情勢，不得不隨俗從眾。事實上，在他一一點明投資組合管理的弊病以後，聽到他說他沒買吉列，我簡直得意極了。

當他說「投資組合經理人很難贏過大盤」時，我簡直不敢相信自己的耳朵。他難道是說，這一層層專家協力操盤的結果，不會比市場上那一大群門外漢胡鬧瞎搞還要好？

我退一步，試著理清頭緒。這兒有一群年薪十五萬美元以上（視其評等而定）的賣方分析師，其建議受到買方分析師的檢驗，後者的年薪跟他們一樣高或更多。然後買方分析師的建議再度受到投資組合經理人的檢驗，這些人賺得更多，因為他們得制定風險決策；不過藉由同進同退，他們逃掉了制定風險決策的責任。到頭來，這一切白忙一場，沒幾個人能勝過大盤。

我跟普拉特先生及其他人深入剖析這個問題，得到多種解釋。其中一項解釋是，由於投資大眾不再積極投入股市，大型機構只能跟彼此較勁，而既然玩法相同，就很難有高下之分。另一個解釋是，投資組合經理人每三個月被打一次分數，沒本錢冒險。利寶先生說了，「絕大部分資金，操縱在一群想法接近、在同樣地方受訓、其顧客抱著相同期望的人手上。」這種所謂的「群體思考」，他說，導致許多經理人採取相同策略，因而全體向中間值靠攏，如此一來，他們根本不可能勝過大盤。

人腦電腦都無法超越大盤。

有些金融機構試圖拋棄「賣方／買方／投資組合經理人」的做法，波士頓的百駿財務管理公司（Battery March Financial）就是其一。我前往拜會吉列的時候，也順道參觀了百駿。在這裡，電腦取代了投資組合經理人的角色。

狄恩．拉拜倫——一個引進電腦的華爾街禿頭老將——帶領我參觀。我隨他穿越辦公室時，發現員工人數甚至比信孚銀行更少。偌大的開放空間，中間是電腦，四周則大約有十幾個辦公室。

拉拜倫先生解釋，百駿用電腦選股、追蹤價格、決定賣出時機、設定要價、跟交易員討價還價，一手包辦華爾街投資公司所做的一切工作。「去除研究部門之後，你會發現自己不必再四處拜會企業，輕鬆多了。」他補充說。

「另一個好處是，券商從不打電話給我們，」拉拜倫先生繼續說，「他們只跟機器說話。」他解釋電腦如何跟全球各大股市的二十五位交易員打交道：當這二十五名交易員每天早晨登入自己的電腦終端機以後，百駿的電腦便會傳輸一份它打算買進或賣出的股票清單。這些人腦各自輸入他們的標價，電腦準時在上午十一點整停止接單，以便比較從各地傳來的回覆。倘若沒出現合意的價格，電腦就把這檔股票從交易區拿掉。假如價格令人滿意，它就回到線上，宣布已接受標價。

談話之際，我看到電腦以每股23¼的價格，下了八十九萬兩千八百股的百工（Black & Decker）

賣單。至於吉列，電腦沒有任何興趣。

對這台機器而言，百萬股交易日司空見慣。早上九點半到下午四點，它進出美國股市，傍晚便開始朝海外出發，跟著太陽的腳步，由東往西橫掃全球。它在倫敦、羅馬、香港、新加坡和日本買賣股票，連續工作二十一個鐘頭之後，休息三個鐘頭。

顯然，電腦對任何一檔股票或任何一個國家，都不會摻雜感情因素。一位名叫瑪莉．貝斯的人坐在電腦旁，告訴我「假如電腦判定某個國家不具吸引力，它就會賣掉整個國家」。

由於靠電腦交易，辦公室裡氣氛輕鬆。不論瑪莉．貝斯或其他同事，都沒有我在賣方分析師臉上看到的那種緊繃表情。我無法想像，除了整天看小說之外，這些人員還能幹些什麼事。不過拉拜倫先生提醒我，「總得有人替它設計程式。」

事實證明，百駿人員經常得修補電腦程式，從「企業市值估算策略」，到「股利折扣模式」，再到「資產負債表焦點」，然後又回到「股利折扣模式」。「你持有不只一檔股票，我們也擁有不只一種策略，」拉拜倫先生說，「回顧一九八二年，我們偏好成長型與景氣循環型股票。如今我們鍾愛石油與天然氣。」他把百駿歸於基本面陣營，堪稱高科技的「謹慎投機客」。

拉拜倫先生給我看交易的績效，可惜，近來表現令人失望。雖然過去十年，百駿的電腦系統創造了令人稱羨的投資報酬，不過最近這段期間，電腦並未勝過大盤。我起身離開時，拉拜倫先生跟他的同事仍在為到底哪裡出了錯而爭辯不休。

看得出來，對電腦而言，一如其他數百名高薪的專家，要打敗大盤也不是簡單的事。我在《華爾街日報》讀到，大多數債券組合經理人，表現持續落後大盤。同樣的，《商業週刊》做過一則封面報導，指出股票組合經理人連續三年未能超越大盤，其中絕大多數甚至遠遜於平均水準。

在這裡，我對所有法人與共同基金，有個小小的提議：開除分析師與投資組合經理人，然後投資大盤指數。這可以省下許多麻煩，省下浪擲於注定失敗投資的數百萬元薪水與佣金。利寶先生告訴我，有些共同基金已經這麼做了。這些基金乾脆買進標準普爾一百上的所有股票，或者構成道瓊工業指數的所有股票，或者各種債券指數裡的所有債券，依照定義，他們的表現一定等同於市場平均。

要不要賣出基金，買進這種指數型的基金，是你必須自己決定的事情。這趟信孚銀行之旅，讓我對投資組合經理人的工作內容有了新體會。普拉特先生的憂慮，讓我對自己的績效——迄今尚無任何值得吹噓之處——稍感釋懷。

19 營業員之路

吉列上漲五點，加上先前的選擇權獲利，仍不足以彌補埃斯特朗所賠掉的錢。到了四月底，我原先投資的一萬零九百二十元三毛一，只剩九千零十九元八毛八的價值，虧損了九百一十元四毛二。這時，我開始考慮，要不要乾脆去當證券營業員。

當我想起自己沒有收入，外加為了賠這些錢所投入的時間，任何一份有薪水的工作，都開始顯得誘人。首先，我發現摘番茄或拆船的工作，都勝過眼前的狀況。就算到聯合勸募（United Way）當義工，荷包起碼不會少掉九百一十元四毛二。回想起來，在我一路掙扎的過程中，蓋瑞特小姐倒是賺了不少錢。不論她個人因埃斯特朗虧損了多少，我付給她的好幾筆佣金，想必替她減輕了壓力。當個營業員，是我目前為止所能想到的，少數零風險的投資方法之一。

我發現，有志從事證券經紀的人，從申請考證照開始到給第一個客戶提建議，只需要四個月時間。如果要開美容院，需要花六個月申請營業執照；想當水管工人，需要歷經兩年才能得到認證；

比較起來，營業員的路好走多了。踏上這趟旅程迄今的時間，已足夠我兩度當上證券營業員。我花在辛苦摸索投資竅門的時間，無疑已超過從證券營業員學院畢業所需的時間。

有志成為證券營業員的人，都會到我之前拜訪過的那些地方上班。他們需歷經三個月的在職訓練：處理訂單、接電話、學習書面作業，並且為七號考試（Series 7）做準備。七號考試由證管會主辦，涵蓋華爾街的各項基本原則與法規。有六成的人通過考試，可見不會太難。過關的考生被送進投資訓練營，多半在紐約市或附近，接受為期三週的正規訓練。

感謝蓋瑞特小姐及她的人脈，培基證券特准我到他們位於曼哈頓市區的訓練中心鬼混幾天。我也受到美林邀請，到他們位於紐澤西普林斯頓市郊的訓練營度過三天四夜；這是我打了無數電話、聯絡了無數部門才得到的許可，不過非常值得。美林是首屈一指的零售券商，資產價值達二十億美元，目前已有一萬名營業員，但是他們每年還得訓練一千七百名新人，才跟得上人員流動率。

營業員是如何造就的。

在我看來，他們那擁有三百個房間、耗資一億三千五百萬美元興建的訓練設施，簡直是度假勝地。那裡有一座奧運規格游泳池、回力球球場，還有一個特殊房間專門擺放撞球檯。公司用一輛瀰漫茉莉花香的加長型禮車接我，並且分配給我一間舒適的雙人房。

房間桌上的手冊說，這裡有「不拘禮的輕鬆氣氛」。「衣著」一欄上頭說，白天的得體穿著是休閒服飾，晚餐則建議穿正式服裝。對我而言，休閒服飾意味著襯衫、長褲、鞋子與襪子，如果有必要，我還可以穿得更輕鬆。可是當我穿著運動衫休閒褲邁出房門，卻招來許多白眼和竊笑，除了我之外，每個人都穿著套裝，我成了那個「沒打領帶的傢伙」。到了晚餐時間，我換上藍色襯衫與休閒褲——這可是我平時的正式穿著，沒想到，其他人都換上我只有參加喪禮才會扮上的派頭。

我覺得很奇怪，證券營業員新生（其中許多並非出身有錢階級），竟被要求穿得如此正式。我猜想背後的理論是，穿得像個百萬富翁的證券營業員，比較有機會說服真正的百萬富翁丟錢過來——好讓營業員吸引足夠的財富，來負擔這些服飾。這讓我想起第十六條祕訣：

假如營業員身上穿戴的價格，比你能投資的錢還高，千萬別相信他們。

這裡的食物之美味，比起「21」俱樂部或四季大飯店，一點都不遜色。餐桌上有冰雕擺飾（是天鵝喔，不是公牛），鮮嫩多汁的小乳鴿穿上了粉色的呼拉草裙，黃瓜片則如同魚鱗般裝點著豪邁的厚片鮭魚。法國／義大利／加州的酒單，就像一本好的英國小說那樣長。我們一面用餐，一面觀賞著鴨塘。

我在第一頓晚餐，遇見了許多新生和他們的導師，真是和藹可親的一群。雖然有些人直接來自失業大隊，但是絕大多數聰明機伶，能言善道。有一位住在南加州的詩人，蘭斯．詹克斯，他本來在一家石油天然氣公司當接線生，後來被開除；另一位則是體重兩百五十磅的退休美式足球員，原本在賣保險。還有幾位轉行的汽車業務員（其中之一，來自威奇塔的保羅表示，投資只不過是「另一種載運工具」）、一兩位電腦推銷員、一名牧場工人、一名芭蕾舞者、一位對小麥期貨失去熱情的人、一位已經沒有東西可以召集的「召集人」，再加上幾位卸任教員。我數了數這個一百五十人的團體，發現其中有二十五名女性，一名黑人，其餘的白人男性年紀在二十六到六十歲之間。這些男性當中，至少有十五位是失業的德州佬。

晚餐過後，我觀看新生打撞球，直到他們返回房間做功課，我便獨自在偌大的室內泳池來回游泳。一直到隔天早上八點上課，我才再度看到他們。我拿到一張可以穿過重重警衛的識別證，因此得以四處閒逛，通行無阻。偶爾，研討會主任會把我拉到一旁，問我目前為止印象如何。

我闖進的第一間教室，配備像個語言實驗室，每張桌子都安裝了電話。這些電話與隔壁教室的電話銜接，好讓新生反覆撥打電話，練習課程項目。不久後，電話鈴聲開始響起，我聽到一些對話，抄下了幾則。

麥金泰醫生，您早。我是美林的泰瑞．哈柏。今天過得還好嗎？

還不壞，謝謝。有什麼可以效勞的嗎？

麥金泰醫生，我認識的許多醫生，都覺得自己實在付太多所得稅了。我今天打給您，就是想請教您目前做了哪些減稅的動作。

減稅……嗯……這個嘛，當然，有些資金進了退休帳戶，那是可以延稅的……我的會計師老逼著我買市政公債，不過我還沒動作。聽著，我很樂意跟你談，不過現在有病患進來了，你可以再打來嗎？

替這項練習想出一個結尾。

這樣的練習，一天要進行好幾個鐘頭。由於我來參觀的時候，為期三週的訓練已進入尾聲，新生們已經很熟悉這些對話。有些人甚至可以脫稿演出，即興設計他們的開場白與結語。他們學會一種叫做「克服對方的拖延與拒絕」的新技巧；學會如何以開放式問題引誘客戶開口（「你覺得如何？」「你對這東西的印象怎麼樣？」「你有什麼感覺？」），而不是讓客戶得以用「是」或「否」的答案，來逃避對話的封閉式問題；他們學會如何「在推銷電話中應付對方剛開始的抗拒」；他們研究「搭腔的技巧」、「刺探客戶反應的技巧」，以及「銜接話題的技巧」（「你稍早提到……」）。

我也參加了培基的訓練營，發現他們的新生同樣精通此類對話，只不過辭彙略有不同。在那裡，他們談論「換個方式重述需求」、「避免連續的跟對方唱反調」、「辨認接受訊號」、「站在同樣高度提供協助」，以及「從客戶的語言中挖掘黃金」。此外，他們有一個精細的系統進行客戶分類，我從手冊摘錄如下：

> 「線索」是一條資訊。「人選」是有聲音或臉孔的「線索」。當你打聲招呼、且得到回應時，「線索」就成了「人選」。如果能建立正面的業務關係，「人選」就成了「潛在顧客」。假如你有理由再度打電話給「人選」，你已經把雙方關係提升到「潛在顧客」的層級。至於「顧客」，則是你至少已經為他下過單的「潛在顧客」。

我旋即懷疑，自己根本沒準備好當個證券營業員。不是因為我沒有企管碩士學位，或者大學微積分被當，對我最不利的一點，就是從來沒學過戲劇表演。這群人中有位會計師坦承，他也覺得自己格格不入，他過去的教育背景反而成了障礙。整個訓練過程中，他總是刺探不出客戶的反應，而且接連詢問太多封閉式問題。

那位和我一見如故的南加州詩人蘭斯．詹克斯，占了最大優勢。因為他曾演過劇作家歐尼爾（O'Neill）、貝克特（Becket）的作品，以及義大利即興喜劇，更別提在石油天然氣公司的歷練；他可以不假思索的克服拖延、重述需求。

在白天的練習課程中，一名新生扮演營業員，另一名新生則扮演客戶，接著角色互換，之後給彼此打分數。會太咄咄逼人嗎？是否夠周到？是否拉近了距離？他們一度少個人扮演客戶，邀我暫代。真好玩，聽到之前跟真正的營業員交談時聽過的許多熟悉的口號與說辭，害我笑到不行。他們的台詞包括：「儘管你的股票走低，大勢還是沒問題。」或者，「你需要的，是有成長潛力的商品。」或者，「我們的眼光是看長遠的。」這些台詞直接出自腳本，經過反覆演練，新進營業員可以在昏睡中一字不差地複誦。

記性不好的人，被鼓勵可以準備提詞卡帶著，方便在跟實際顧客講電話時派上用場。我看過如何介紹零息債券、如何說明共同基金、如何推銷退休帳戶，甚至還有如何應付顧客抱怨「我沒有錢」的小抄。培基證券的訓練主任艾爾．李維（現已退休了）告訴我，他曾錄製一捲錄音帶，說明如何向顧客稟報虧損的消息。就這點來說，恐怕我也可以來錄上一捲。

對於第十七條祕訣，我得感謝證券營業員學院：

營業員的資歷越淺，越不可能臨機應對。

這些年來，事先寫好腳本應付各種想像得到的投資狀況，已經蔚為潮流。事實上，當其他新生認真研究功課的時候，我試著把美林的台詞套進文學史上一些著名悲劇裡。在眾多腳本中，我替美林找到了可以應付各種難題的解答：

伊蕾克特拉：冥王、冥后、亡靈的接引神赫密斯、永恆的復仇三女神、目睹一切謀殺與通姦的眾神之子，快來救我吧，我沒有力量，無法獨自承受這樣的折磨擔子。（譯註：伊蕾克特拉〔Electra〕是希臘神話人物，有戀父情結，為父弒母。）

美林：我能體會你的**感受**〔意思是：我同情你〕，其他人也有同樣**感受**〔意思是：你並不孤單〕，而他們**找到**了可以提供安全保障的投資工具。

蘇格拉底：你真的認為，有人明知惡事之惡，卻仍想做這些惡事？

美林：許多投資人都說，他們最需要的是一個會關懷客戶的營業員。你的期望是什麼呢？

蘇格拉底：那些認為惡事有益的人，知道惡事之惡嗎？

美林：敝公司的規模與專業，為客戶提供了一般管道無法提供的投資機會。

美林：**某某人**（您的合夥人、您的上司、您的同事等等）要我給您打電話。他認為您也許有興趣聽聽我們可以如何為您提供的〇〇（節稅、提高投資報酬、在市場獲利……從中擇一）策略。

李爾王：虛無只生虛無，你再說一遍……。

美林：我跟許多律師談過如何幫他們節稅，增加他們的收入。

李爾王：這是什麼意思！謹慎發言，以免損及時運……。

美林：我明白審慎的必要性，那就是提供安全保障的投資適合您的原因。

到了第三天，我已經失去當證券營業員的興趣了。先前，我察覺自己欠缺戲劇性格，後來我發現，營業員依規定不得開啟他們的個人郵件。寄到辦公室的一切信件，包括情書，都由上司來開，看看有沒有什麼中飽私囊的現金或支票。除此之外，營業員大部分清醒的時間，都用來打電話給陌生人。「電話行銷」是這行出了名的特色，只是我從不知道要花掉這麼多時間。根據美林發放的範例時間表，營業員每週得花三個工作天、一天五小時，外加兩個平日夜晚的七十五分鐘，打電話開發新客戶。從週一到週五，至少要打出一百八十通電話行銷。

為了找到足夠的新開發對象，公司鼓勵營業員從訃聞的未亡人名單、從報導大型法律和解案受益人的文章、從高級住宅區的電話簿，以及從特定的郵件名冊挖掘潛在客戶。美林發放的名單目錄包括有：「一百一十萬名上流階級」、「飛行機師的住址電話」、「好賭、愛投資的阿拉伯人」、「家畜與新電影投資人」、「藍籌股股東」，以及「牙醫投資大戶」。

培基證券說，他們放棄了牙醫。近年來，牙醫的收入日減，公司建議營業員別理會他們。醫生很棘手，因為他們從不接電話，所以最好的辦法就是從醫師娘下手，寄給她們飾有壓紋的研討會邀請函。培基還鼓勵營業員建立「備忘錄檔案」，載明選擇權到期日、股利發放日期、退休金到期日等等，做為何時應打電話給哪些人的指南。

不推銷的目的是要推銷更多。

你也許早就開始納悶：**那，股市呢**？我也有同樣疑惑。這些語言實驗室的下課時間，只有一小撮新生圍繞著我，花好幾個鐘頭在Quotron報價機上鍵入埃斯特朗的ATSI與吉列的GS。來自緬因州波特蘭市的大衛．畢爾德告訴我，他因為對小麥期貨不再感興趣，才轉而投入美林陣營。他說他迫不及待想開始工作，好彌補之前的虧損。這點，我感同身受。

歷來究竟有多少證券營業員，是從失敗的投資人出身，我無從確定，不過我曾聽一位營業員坦承，營業員向來是股市輸家。我從書上得知，最早的證券營業員出現在西元一六〇〇年左右的阿姆斯特丹，不過書上沒提到他們進入這一行的動機。在老魯凱瑟寫的《財務與投資常識》一書提到，broker（營業員）這個字，源自撒克遜語的broc，真正的意思是「不幸」。

證券營業員一般說來聲名狼藉——被視為無賴、騙子，甚至等而下之。據馬修．約瑟夫遜（Matthew Josephson）的《金錢之靈》（*The Money Lords*）所述，在一八七〇年代鄉下地方，每當證券營業員來訪，村民便「驚慌地關上門窗」。一九二〇年代期間，「典型的證券營業員口若懸河，衣著保守而體面，可惜腦袋空空。」近年來，也許得歸功於繁榮的多頭市場，營業員的名聲出現了大幅改善。根據蓋洛普的調查，在最值得大眾信賴的三十種行業中，證券營業員名列十六。他們沒輸給國會議員與建築包商，勝過二手車經銷商，不過遠低於傳教士。

你如果以為，美林的新生從來沒有投資的實戰經驗，那可就錯了。公司的確有提供股票、債券等各方面的一小時課程，我原本早就該提起這一點，之所以留到現在才說，是要讓你更了解，相較於——好比說推銷，投資有多麼重要。

這些課程的目的，是要讓新營業員至少能比他即將服務的顧客多懂一點。我旁聽了其中幾堂課，包括一堂市政公債，一堂有關美林的各種放款方法（「我們準備跟銀行一較高下。」一位名叫哈姆先生的業務代表說道），以及一堂談論股市究竟會走高還是走低的課程。第三堂課其實是羅伯·法雷爾先生的演講錄影，他是美林當紅的技術分析師。他有關「克服景氣循環與防衛性股票」的課程內容，雖能解惑，卻也讓大夥兒一頭霧水。有些聽眾憂心忡忡，擔心三天之後就要在地方營業處上班，萬一顧客問起股市究竟會走高還是走低，他們該怎麼回答？

最後一堂課，講師問大家：有多少人覺得自己夠資格推薦股票？沒有人舉手。他再三強調，你們有了不起的公司做後盾，美林將提供營業員所需的一切指導與好點子。接著，講師放了一段激勵人心的紀錄片：幾位非常善良的慢跑者引領一個盲人參加越野賽，跨越岩石，橫過田野，穿越樹林，盲人一路跌跌撞撞，最後終於成功穿越終點線。在我看來，以此為整個訓練過程畫下句點，再恰當不過。

老實說，比起單位信託、公司債券、海外投資、一千七百種共同基金、選擇權、年金、貨幣市場工具，外加券商促銷的各種「每週商品」，這些新生並不指望自己能賣多少股票。迄今，美林提供了一百五十種不同商品，其中半數是在過去五年內發明的。公司慫恿新生報考不動產經紀人執照與保險經紀人執照，以便進一步拓展自己的商品線。新生還被鼓吹參加叫做「唐諾．黎根學院」（Donald Regan School）的美林自修課程，以便取得資格申請財務規畫師認證。（這門課以之命名的白宮顧問，已在名譽掃地以後黯然下台，所以美林現在應該改了課程名稱。）

我忘了是否提過，美林的證券營業員現已更名為「理財顧問」？自從雷曼證券率先把營業員稱為「理財規畫師」之後，這種走向已蔚然成風。在此之前，他們是「業務」或「營業代表」，或者一九二〇年代的「顧客窗口」。從「顧客窗口」到「理財顧問」，地位的提升可見一斑，就像典獄長成了「行為科學家」、體育老師成了「運動治療師」，帶座員成了「人群工程師」。

他們如此認真練習對話，是為了將來的「諮詢式銷售」做準備。如果你最近幾個月曾接到這種行銷電話，你鐵定會發現，新營業員，也就是理財顧問，似乎沒打算推銷任何東西。他好像很樂意坐在電話旁，跟你聊聊你的理財目標。「他什麼時候才要開始強力推銷？」你心裡也許這樣納悶，但是他絕口不提賣東西。就算你急著想買ＩＢＭ，他也會勸你在親自拜訪營業處、檢視你的財務目標之前，千萬不要輕舉妄動。

一位訓練講師解釋：「在以前，銷售導向的營業員會說，『ＩＢＭ準備上漲了，我們認為你應該買進一百股。』如今的理財顧問則說，『客戶先生，您最迫切的考量是什麼？』」

這會誘使潛在顧客走進辦公室，全盤托出自己的身家資產，因為「理財顧問」必須先弄清楚你有多少資產，才能檢驗你的目標。在那之後，他也許會提供你貸款部門的貸款、保險部門的保險、房地產部門的房地產。追根究柢，不推銷的目的是要推銷更多，這就是諮詢式銷售的禪意。

諮詢式銷售的另一項好處是，理財顧問成了深知客戶需求的專家。可以想見，這比以股市專家自居聰明多了。即便做了不良投資決策，理財顧問仍然是客戶需求專家，而客戶此刻的需求，想必比他倆初見面時更多。

訓練課程的最後一天，電話連上外頭的世界，新生實際披掛上陣，用美林的「名言錄」跟家鄉的顧客約時間碰面。我未獲准加入他們，不過我旁觀了這場由一整間營業員組成的合唱表演，歌詞如下：「喂，我是美林的吉姆．雷諾，我很想認識有理財目標，而且有興趣達成理財目標的人。你有時間聊聊嗎？……下星期如何？」

我離開訓練營，心中對新結識的朋友充滿依戀，不過，我已經確信自己不適合當個證券營業員。身在這領域，根本沒有時間思索股票與債券。真高興自己在一頭栽進去之前及早認清事實。從美林戰鬥營返回紐約，我迫不及待回頭做點正經事。

20 買空賣空

還有另一種策略，是我決心要研究清楚的：買空賣空。這是我明明毫無概念，卻仍然不懂裝懂的投資術語之一。二十多年來，只要聽到這個字眼，我總是世故的點點頭。我敢打賭，這種人多的是，包括那些已經在做空的人，也許都不明白自己到底做了什麼。

我跟葛雷素先生促膝聆聽左翼智利音樂的那個晚上，我對他承認了自己的無知。他說，放空就是賣出別人的財產，期望從中得利。乍聽之下，頗有犯罪的味道，而我無法分辨放空股票跟放空布魯克林大橋有什麼差別。葛雷素先生立刻糾正我的誤解。

根據葛雷素先生的說法，放空是這麼運作的：

你打電話給營業員，表明你認為某一檔股票，好比說IBM，前景看跌，營業員就會建議你放空IBM。假如你放空一千股，當時每股市價一百六十元，那麼你的帳戶裡馬上就會多出十六萬美元的收益。這樣搞個一兩回，我想，百萬財富真是唾手可得。只要賣掉你壓根沒買過的一切，然後一覺醒來就能變成有錢人，還有什麼比這方法更棒？

遺憾的是，放空並非聽起來的那樣簡單。原來，你只不過是借來了一千股ＩＢＭ股票，事實上，你的營業員得四處打探，找到願意借你這些股票的ＩＢＭ股東，你才能夠買空賣空。借給你股票的人，終究會跟你討回他的股票，而你償還的方式，就是付出當時的市價。舉例而言，假如你以每股一百六十元放空一千股ＩＢＭ，六個月之後，ＩＢＭ的股價漲到兩百元，那麼你就得花二十萬元才能完成交割。由於你一開始因為放空ＩＢＭ而收了十六萬元，你最後會虧損四萬元。

你當然也可以無限期放空某一檔股票，只要帳戶裡有足夠資金，支付相當於股價的一定比率即可。那表示，在你一開始放空價值十六萬元的ＩＢＭ股票之前，戶頭裡必須先有一大筆錢。也就是說，你只能放空自己負擔得起的股票。這項事實，讓我對原本聽起來完美無缺的計畫大感洩氣。

放空還有另一缺點是，放空股票的一切股利，歸於原股東所有，不屬於借股票的人。

不用說，假如你放空股票，當然是抱著價格走軟的期望。用上面例子來說，倘若ＩＢＭ股價從每股一百六十元，跌到每股一百元，你就可以用十萬元歸還借來的一千股，淨收六萬元獲利。

葛雷素先生告訴我，有些人只做短線的放空，有些則做長線，耐心等待那些倒楣的股票跌成壁紙，他就可以不花一毛錢，歸還他在高價時借入的股票。舉例來說，假設你放空一千股市價五十元的股票，你的帳戶會增加五萬塊錢，倘若這家公司日後破產倒閉，這些錢就是你的了。

追蹤股票的放空比例——也就是有多少股份被放空——顯然是個很好的主意。《巴倫》與其他財經刊物，都會刊登各檔股票的放空總金額。倘若有一大群散戶放空同一檔股票，意味著這些放空投資人全錯了，股價將不跌反漲。相反的，如果僅有少數散戶放空某一檔股票，則顯示股價很可能下跌。

沒人知道，買空賣空是誰在什麼時候發明的。早期的美國市場，有半數投資人做放空買賣。在「牛」與「熊」的最初定義中，「牛」指的是要手段哄抬價格的操縱者，「熊」則是指暗中搞鬼摜壓價格的放空人。一九二〇年代是放空人的盛世，其中包括著名的「賣了先生」班・史密斯。

近幾十年來，放空已不如以往盛行——原因也許出自一種令人費解的道德疑慮。事實上，臆測股價上漲跟臆測股價下跌之間，並無道德高下之分，然而今天的社會鄙視、詆毀專業放空人，把他們視為華爾街的黏痰唾沫。我很幸運，能靠著葛雷素先生引介，認識放空作手中的一名佼佼者。

「拋售吧先生」吉姆・查諾斯（"Dump 'Em" Jim Chanos）在葛雷素先生懸掛實驗室外套的同一棟結算所裡，擁有一間辦公室。據葛雷素先生說，查諾斯是個曠世奇才，廣受歡迎，不過在我看來，他跟一般投資雅痞沒什麼兩樣。事實上，他自己也告訴我，他跟一般投資雅痞沒什麼不同——耶魯畢業，羊毛衫，三個孩子，家住威徹斯特，在華爾街工作——唯一的差別是，他做放空生意。為此，他被無數狗仔與偵探跟蹤、窺探和騷擾，想要讓他信用掃地，敗壞他原已不佳的名聲。

至於查諾斯本人，也是無所不用其極地扒企業醜聞，每當得逞，總讓他開心不已。博榮聯合壽險（Baldwin-United）是他的一次大捷。當華爾街在股價二十五元的時候大力推薦，他卻認定這間公司很糟糕，他接二連三放空這檔股票，股價卻一路上揚到五十元。這是對看壞信念的嚴峻考驗，你可以想像，抱著看準這檔股票即將毫無價值的信念在二十五元大量賣出，然後面對自己可能得在五十元一口氣買回時，多麼令人絕望。不過，查諾斯咬緊牙關撐了下去。

做多的投資人總有解脫的一天，因為股價再跌也跌不過零；然而做空買跌的人，玩的是一場無限大的賭局，因為股價走高是沒有上限的。理論上，股票可以飆到每股一百萬元，做空的人必須提高金額支援漲幅，直到不得不認賠殺出，或者宣告破產。

就博榮聯合壽險的案例而言，這種做法需要超出常人的膽識，而查諾斯勇氣十足——外加雄厚的資本支撐，直到股價逆勢下滑，最後跌到兩塊錢水準。況且，他沒打算束手就擒，和別的做多的同事一樣，放空作手也會主動出擊，拿壞消息刺激客戶，打電話給銀行與大戶，在《華爾街日報》散布負面報導，逢人就說他們放空的公司有多麼糟糕。放空作手於是成了惡魔分析師，許多企業認為，查諾斯是其中最邪惡的一員。「他們說我是個討厭鬼，」他抗議道，「真冤枉，我只不過希望人們得知真相。」

博榮聯合壽險一役告捷之後，查諾斯開始以放空為業，繼續尋找營運不佳的企業。他的工作受到一群華爾街分析師的大力幫忙，查諾斯形容這群人是荒謬的樂觀主義者，就算把頭塞進鐵達尼號的破洞裡，也看不到破洞存在，還有，他們頂多只會把沙皇帝國從「高度推薦」，降級為「強力持有」。他的放空炒作中，帶有一股救世的熱情，他認為自己在清除市場上的蠢事，他的工作是一帖解毒劑，對抗券商以自利為目的的研究報告。

「你目前放空哪一檔股票？」我問。「德州，」他說，「假如我能放空紐約房地產，我絕對一往直前，可惜我還沒找到方法。不過德州也可勉強接受，德州銀行、德州餐館、德州的原油服務公司，尤其是所有二流企業，我全都放空，我可以等。」

放空需要很多的耐心和本錢，由於我兩者皆空，只好不理會查諾斯給的明牌。不久之後，我改變了心意，請聽下回分解。

21 進度反省

我在寒冬離開家，過了六個禮拜，直到春天才心灰意冷的回家。到了五月，我還握著的兩千五百股埃斯特朗，只剩下三千兩百八十一元的價值，帳面損失一千七百一十九元。那五十三股吉列，則從每股七十九元漲到八十八元，獲利四百七十七元。整體而言，我透過培基投資的一萬零九百二十元，如今只剩九千三百九十九元；這還沒扣掉機票錢、電話費和其他雜費。

這段期間，大盤上漲了超過三十五%。賠錢已經夠難過了，對照大盤的上漲走勢，更覺得自己有夠慘。每一則報導股市盛況的頭條新聞，都讓我想起自己理應從這個偉大時代，賺進好幾千元。每一次買股票，不論一開始多麼樂觀，最後總會想起自己曾經發誓要金盆洗手。股民一再立誓「絕不再碰股票」然後又反悔，就像酒鬼老是醉醺醺發誓「永遠不再喝酒」一樣。

最糟糕的是，我的親戚朋友到現在還以為我幹得有聲有色。他們的期待，是我的另一個負擔。如果重來一次，我不會到處炫耀埃斯特朗剛開始的帳面利潤，逢人就吹噓自己有多厲害。我也不會說些像是「既然有培基，幹嘛還賽馬？」之類的話。這些話，讓親友們衷心相信我無往不利。再加上他們看我投入股市至今，道瓊指數直線上升，因此莫不羨慕我，把握正確時機做了正確的事。「真好啊，你趕上了華爾街的大好時機。」許多人這麼說。他們頻頻問我，準備何時搬到公園大道的黃金地段，這樣的關切，只會令我更難以承受。

很多人向我討教如何投資，雖然這本書提供很多祕訣，不過當時我的旅程才走了一半，這樣的投資結果卻被人當成偉大的投資顧問，我心裡十分惶恐。從我身上，證明了我們對所謂專家的實際表現，其實毫無所知，不論他們是你身邊的天才，或是電視上的財經名嘴。

由於不想讓相信我的人失望，我經常告訴他們，我在華爾街之旅聽到的二手消息，例如「亞培藥廠（Abbott Laboratories）前景看好，隨時會漲」，或者「西海灣工業（Gulf & Western Industries）市價四十八元，受到低估」，或者「亨氏（Heinz）即將飆到五十塊錢」。與其詳細描述我的第一手經驗，這類的話讓他們開心多了。

我開始明白，散戶為什麼偶爾彼此扯謊，誇大自己的獲利。你很難承認自己在多頭市場中一敗塗地，正如很難坦承自己在威尼斯玩得不開心。坦承威尼斯不好玩，有違八百年來的浪漫期待。愛上浪漫威尼斯的人投入太深，無法承受有人聞到運河惡臭、倒彈三尺的不愉快經驗。我的投資組合迄今的表現，讓我產生這樣的聯想。

我盡可能閃爍其詞，設法維持表面假象，從「埃斯特朗表現強勁，我的錢翻了一倍」到「我幹得還不壞」再到「還可以」，心中指望「還可以」這種話，可以打消進一步詢問，但是事與願違。幾次派對中，我接受朋友的恭賀：「他以前沒賺錢，現在可找到專長了。」

在家裡，老婆小孩還記得那令人興奮的開頭幾週，我多麼以持有埃斯特朗為傲。在我已經賠錢很久以後，他們還以為我成績斐然，雖然我數度暗示，想讓他們做好接受事實的準備。幸好，他們從不打開每個月寄到家裡的培基證券對帳單。

後來，我終於對家人說明事實真相。但我發現，我可以輕易找到能讓我推諉責任的人或事。首先，我歸咎制度，你賠得越慘，越能相信華爾街被人把持，充滿著對你不利的陰謀。見過那些沒時間分析的分析師、無法勝過大盤的經理人，特別是那些演練台詞的證券營業員之後，我已經無法再信任任何人。

不過，我想起這個國家還是有人從股市裡賺到錢，尤其，在股市強勁上揚時期責怪制度，實在說不過去。

於是，我改為怪罪營業員。蓋瑞特小姐怎麼可以光靠費城某個白痴的話，就引誘我買進埃斯特朗？她怎麼可以不斷捏造故事，保持樂觀光明的預測？我當初又是怎麼選上這麼一個愚蠢的營業員？

在我繼續問下去之前，我想起自己曾用過太多位營業員，遷怒他們實在也沒什麼道理。我還是面對現實吧，蓋瑞特小姐沒有逼我買埃斯特朗，是我自己堅持要買的，大多數抱怨營業員的說法，其實是沒什麼根據的。我自己戶頭的進出，根本不需旁人慫恿，是我自己三番兩次打電話給營業員，關心股價為什麼沒有漲，或者是主動要換個什麼更有利可圖的投資。

吉列是蓋瑞特小姐的建議沒錯，不過同樣的，那次是我打電話給她。開頭幾星期，我老是打電話給她，她從來不主動聯絡。若真要怪，營業員的罪過，應該是他們老在等待客戶自投羅網。

從營業員的角度來想，假如他夠聰明，他會迎合客戶的提議，而不是推銷自己的建議。如果事後證明客戶眼光正確，營業員也同樣沾光。假如客戶看走了眼，營業員總可以推說，「那是你自己要買的。」

為什麼明知營業員不過是個業務，卻無法用這種角度看待她呢？我畢竟上過營業員學院，居然還懷抱著想像，認為蓋瑞特小姐是個專家，理應為我的結果負起責任。我不會指望皮鞋推銷員精通足部護理，憑什麼期望營業員深諳理財之道？營業員與客戶之間的關係太過複雜，無法單純責怪營業員。

接下來，就是責怪自己。我認為自己是天生注定的輸家，跟點石能成金的米達斯（Midas）相反，被我碰過的每一樣東西很快都會倒楣。我聽說，這是很常見且自然的，我曾在許多朋友身上印證這一點，他們說，「被我碰過的股票必死無疑」、「只要我買進一檔股票，這家公司保證完蛋」，或者「每一筆投資到了我手上，都會慘敗」。

我抱著自責，回頭反省生命中的每件事——我欺負過的人、我錯過的期限、我犯過的罪孽，想從中找出自己究竟是如何沾上厄運的。我是自己在華爾街的最大敵人嗎？我不知道究竟是哪一次致命錯誤，或犯了哪一尊憤怒的天神，讓焦頭爛額成了我無可避免的結局。為什麼我還持續受到懲罰？

聽起來很傻，我知道，可是一般散戶已經找不到其他合理的理由，解釋他們不尋常的虧損歷史。曾有人告訴我，他以四元買進某一檔電腦股票，看著它一路飆漲到五十元，然後捨不得在四十元、三十元、二十元的價位賣出，繼續緊緊抱著，直到它跌到只剩兩塊錢。他懷疑自己被催眠了，猜想自己是否得罪了什麼人。一位女士以八十元買進施蘭卜吉，沒想到股價一下子暴跌到三十元，她認為，這可能跟她在上一次能源危機時，開著輛吃油如吃水的車子有關。

一旦進入「天生注定的輸家」的階段，就可能經年累月自怨自艾。幸好，我的這段時期並未持續太久。史洛利．布羅尼克（Srully Blotnick）把我拉出了泥淖。

也許，我比自己想像的更適合短線炒作。

史洛利．布羅尼克！誰忘得了這樣的名字。我回到圖書館，尋找新的投資方法，他的名字從書目卡直直闖入我的眼簾。他的書叫做《致勝：成功投資心理學》（*Winning: the Psychology of Successful Investment*），一九七九年出版，內容以布羅尼克先生在一九六六年至一九七六年間，針對一千一百零三名散戶進行的十年調查為根據。他追蹤他們經過一次牛市與一次熊市，看看他們的財富出現怎樣的變化。（近來人們對布羅尼克先生研究手法的抨擊，並沒有稍減我對其發現的折服。）

在這一千一百零三個人當中，只有五十三人獲利可觀，只有四人「表現極端出色」，許多人最後不賺反賠。對我而言，這不足為奇，真正讓我拍案稱奇的，是布羅尼克先生有趣的觀點。在我當時的心態下，最令我信服的一點是，一般散戶並非遭到天譴，他們自始至終都是因為自己愚蠢的投資方式而注定失敗。

布羅尼克先生發現，所謂股市老手——那些跟你我一樣浸淫於華爾街議題的人，才是最大的輸家。這五十三位贏家當中，沒有一個是「熱切的市場研究者」。這樣的發現，非常發人深省。我想起一個親戚，她把通用食品（General Foods）股票擱在保險箱裡，二十年來置之不理，其間歷經五次市場循環，數百名分析師數度把它從「買進」與「持有」的名單上列入或除名；最近她從廣播節目中聽說，通用食品即將遭到購併，於是打電話給營業員，發現她原本的一萬元，如今價值十八萬元。我一面聽著她的好運道，一面看著當日的上升與下跌行情，這讓我得到第十八條祕訣：

被密切注意的股票，很少會上漲的。

在市場知識（起碼是一般散戶的市場知識）與成功投資之間，布羅尼克先生找不到任何關聯性。他說，挑選「熱門」股票通常很蠢，買財經雜誌想從中得到投資先機，更是得不償失。先別說其他的，你首先就賠掉了買雜誌的錢。我得坦白招供，我目前訂閱了《價值線投資概覽》（*Value Line Investment Survey*），每年四百元；《巴倫》，每年七十元；艾爾．法蘭克的《謹慎投機客》，每年一百七十五元，外加偶爾買的《華爾街日報》，每份五毛錢。隨著我涉入日深，信箱裡的快訊數量暴增，而我靠著明牌得到的獲利，趨近於零。

在布羅尼克先生的發現中，最有用的一則是有關短線與長線投資的對比。我暗忖，是了，這就是我的問題根源。我抱著短線獲利的心態買進埃斯特朗，可是在它中期上揚以後，我緊抱不放，期望得到長期獲利。等到股價走軟，我賣掉一半股份，猛然發現自己骨子裡其實是個短線投資人。

不過話說回來，我買吉列時，圖的是長期獲利，可是一旦發現它上揚了幾點，我就開始心癢，渴望獲利了結。事實上，三週以後我就忍不住想脫手變現。

當我發現布羅尼克先生住在紐約，替《富比士》雜誌撰寫專欄，我立刻打電話給他。很遺憾，我們未能當面一晤，不過透過電話聊了半個鐘頭，相談甚歡。他告訴我，他仍繼續保持研究，據他所知，散戶跟以往一樣容易賠錢，只不過在當前市場上，許多人暫時得了點甜頭。我據實表示自己沒嘗到什麼甜頭，投入了幾百個鐘頭的研究，到頭來白忙一場。

「最初的五百個鐘頭，還見不到太大效果。」他說。

「不會嗎？」

「研究市場的人往往不明白這一點。五百個鐘頭的知識是很危險的。」

「這我知道。」

話說至此，布羅尼克先生聽起來比較像個大師，而不是投資顧問。他給我的忠告是：認識你自己。

「短線交易者可以靠短線交易賺錢，」他說，「長期投資人可以靠長期投資獲利。股市有許多種玩法，每一種都只適合某些人，對另一些人不見得有用。若說有什麼確鑿不移的事情，那就是這一點：了解自己並依此投資的人，可以賺錢。不了解自己的人，永遠無法成功。你必須找出適合自己的方法，然後堅守原則。」

我反覆琢磨，發現我唯一的實際獲利，是依照克勞福先生的建議短線操作選擇權。我不由得這麼想，也許，我比自己想像的更適合短線炒作！

22 朝芝加哥出發

我在電視上看到幾則耐人尋味的廣告，當時，我正坐在家中，思索布羅尼克先生的忠告。廣告內容是有關期貨與選擇權，我納悶自己是否應該放下一切，全力投入這樣的極短線炒作。一則廣告說，「投資人三週賺一倍。」另一則宣稱，「兩天獲利一百二十%。」第三則提到，「風險有限，潛力無窮？」第四則則採取激將法，「唯有無畏勇者，才算真正活過。」每則廣告最後都不忘補充這句話：「過去績效不能保證未來的成果。」

廣告提到的交易公司都在芝加哥。我決定冒個險，買了張機票。

芝加哥不再是世界的肉豬屠宰中心，他們在一九五九年關閉牲畜場以後，就擺脫了這個稱號。如今，豬隻抵達芝加哥之前，就已變成煙燻香腸。芝加哥也不再是小麥糧倉，只有鬆餅店裡能看到麵粉堆。近來，它成了全球豬隻期貨中心、賣權莊家、黃豆跨式部位（straddle）契約賣方，以及全國的商品對沖交易基地。

我於七月中抵達，落腳在市中心一家便宜旅社。櫃檯後頭的男人告訴我，他的弟弟是個期貨交易員。內人娘家的朋友住芝加哥，便有數不清的親戚幹商品交易這一行。我在街上攔下的每一個人，幾乎都知道商品交易所（Mercantile Exchange）位於河濱的一棟玻璃帷幕大樓，交易廳就在裡面。

我在心中複習一遍：期貨是一紙以今日議定價格購買日後商品的合約。我朝商品交易所動身，前往林德沃達克（Lind-Waldock）開戶。你也許看過他們的廣告：隨時為您提供專業服務、總機二十四小時待命、每筆高額交易只收二十五元佣金。當然，我大可繼續忠於培基，因為每一家上得了檯面的券商，都附設了期貨分公司。不過聰明的短線炒手不會把白花花銀子浪費在佣金上，而林德沃達克就是家折扣經紀商。

貝瑞．林德（Barry Lind），林德沃達克的總裁，一心成為豬腩界的嘉信理財（折扣券商界的龍頭老大）。我從商品交易所的大廳，直接打電話找上他。今天，芝加哥期貨選擇權業者隨時服務的熱忱，以及他們的不拘小節和親切友善，實在讓我印象深刻。換做是從前，你試看看美瑞先生（Merrill）、林區先生（Lynch）、普登壽先生（Prudential）、培基先生（Bache）、協爾遜先生（Shearson）、雷曼先生（Lehman）、添恩先生（Dean）、惠特先生（Witter）、潘恩先生（Paine）、韋伯先生（Webber），或甚至舒瓦伯先生（Schwab）會不會接你的電話！

林德先生說，他剛巧正準備搭私人專機出城，於是把我轉給他的助手，公司的公關部主任——

查克·艾普斯坦。艾普斯坦先生的辦公室，位於這棟富麗堂皇的玻璃屋第十七樓。牆上張貼著罕見的海報，其中一張寫道：為什麼沒有北京烤鴨交易所？另一張問：為什麼沒有哈瓦那雪茄交易所？海報上是幾個看起來一副蠢樣的共產黨員，光坐在那裡，沒有東西可以交易。商品交易所拿這畫面，來凸顯自由經濟的好處。我想要弄幾張來，可是艾普斯坦先生說，這些海報引起一些抗議，已停止印行。

從玉米到一籃子股票。

我們站在窗邊，艾普斯坦先生指出福頓街（Fulton Street）市場原來的位置。福頓街市場的雞蛋攤，艾普斯坦先生說，是讓芝加哥聲名大噪的實體商品的最後遺跡。在那個年代，洋蔥就是洋蔥，一蒲式耳（bushel，蔬果容量單位）的玉米，看得到也摸得到。如今，一蒲式耳玉米成了一種「交割形式」，豬隻、木材、一籃子股票也一樣。「耕作」不復存在，「現金市場」取而代之。

期貨合約仍以「車」為計算單位，紀念以火車載運商品進入芝加哥的日子，雖然這些火車已不再行經芝加哥。活牛交易員靠著一車車活牛維生，卻從未仔細看過一頭牛；黃豆交易員也不必學會分辨黃豆與兔子飼料之間的不同；隨便找個當地的小麥交易員，問他早餐穀片產地在哪裡，他會往西指向愛荷華或內布拉斯加，面露困惑神色，然後聳一聳肩膀。「現在，」艾普斯坦先生說，「交易本身已成了目的。」

站在商業交易大樓的辦公室內，你會以為整個中西部栽種的，只剩下期貨生意。艾普斯坦先生給我看交易廳的樓層規畫圖，那兒有九百名人員在標準普爾交易場買賣籃子股票合約、在國庫券交易場買賣債券合約，後面是德國馬克，活牛在日圓旁邊，法郎則與木材比鄰而居，諸如此類。他表示，一九六〇年，全美有四百萬份合約交易，以農產品為主。到了一九八六年，總共有一億六千萬份合約交易，交易量是以往的四十倍，象徵著價值約十兆美元的紙上商品。

艾普斯坦先生提醒我，這十兆美元的蒲式耳、籃子與車運量，絕大多數從未實際交貨。這門行業，似乎什麼事都是假設性的。「下頭是個瘋狂市場，」他說，「自由企業經濟的極致。」

我離開艾普斯坦先生，動身前往拉薩爾街，參觀商品交易所的競爭對手——坐落在知名新藝術風格大樓內的芝加哥期貨交易所（Chicago Board of Trade）。期貨交易所執交易界之牛耳達數十年之久，直到商品交易所趁它沒留神，推出第一個貨幣期貨與第一籃股票，把它擠下龍頭寶座。沒多久，期貨交易所重整旗鼓，推出吉尼梅期貨合約與國庫券期貨。

我從兩家交易所的文宣中，得知以下的期貨歷史。第一樁已知的期貨交易，發生在兩千多年前的巴林島（Bahrain Island）。當時，一名商人接受寄賣商品，日後拿到印度販賣。期貨合約的基本前提——「現下買進，日後結算」的精神——在最古老的文明中即已確立。希臘人與羅馬人也買賣期貨。中世紀時代，遠期契約在鄉間市集司空見慣。

日本人大約在一七三〇年開始買賣稻米期貨，英國人隨後在一七八〇年代尾聲買賣棉花期貨。在北美洲，這項概念是在南北戰爭之後才盛行起來。雖然最古老的美國交易所——芝加哥期貨交易所，在一八四八年開幕營業，但當時它是最原始的現金市場型態，只買賣燕麥與玉米現貨。一直要到一八六五年，期貨交易所的管理團隊才想出「現在付錢、日後送貨」的點子。這就是「到貨」合約（"to arrive" contract）——現代美國期貨的鼻祖。

不用多久，人們便動起鬼點子，販賣自己並未擁有的玉米。這是「空頭部位」的肇始。從此，期貨交易所與商品交易所的交易場，便開始買賣數百種商品的期貨合約。

一九一九年以前，商品交易所的交易內容大體局限於牛油與雞蛋。之後加入了起司、馬鈴薯和洋蔥期貨。一九四五年，火雞加入戰場。戰後的火雞合約是第一種幾乎具有完備機制的期貨商品。它的成功，導致四年後冷凍雞蛋期貨合約的誕生。冷凍雞蛋具有不腐爛的優點，吸引著那些真打算實際收到貨品的交易人。

一九五四年，商品交易所加入了不可食用的期貨商品，包括鐵與廢金屬。就可食用的部分，它新設了蘋果期貨交易場。一九六一年，上述種種商品似乎失去了新鮮感，交易員開始在午後打起撲克牌，就在此時，商品交易所推出了如今赫赫有名的豬腩合約。豬腩究竟是什麼鬼東西？我老以為那是一堆豬腸子，想不透為什麼有人願意付錢買它，更別提冒著實際收到貨的風險了。原來，「豬腩」是「培根」的另一種說法——一大塊完整沒切、沒經過醃製的五花肉，冷凍厚片包裝。

商品交易所利用豬腩大獲成功之後，在一九六六年開始透過活豬期貨合約，買賣起整隻的動物。隨後出現一九七一年的幼牛期貨，還有涵蓋整個食物鏈上上下下的各種期貨商品。然後交易員又覺得乏味了，所有人都興味索然。若非經濟學大師米爾頓．傅利曼（Milton Friedman）幫助交易所從活豬轉型為德國馬克，交易所也許會完全消失於芝加哥歷史。到了一九七二年，市面上有七種外幣期貨交易。至於在芝加哥期貨交易所，大眾對玉米與黃豆的冷淡，刺激另一位經濟學家理查．桑德（Richard Sandor）發明了吉尼梅債券的期貨合約。這是全球已知的第一個金融期貨商品。

期貨的買賣範圍越廣，農業所占的分量就越輕。一九八二年，期貨交易所創設了它的股指期貨。回到紐約，紐約商品交易所（Comex）與紐約期貨交易所即興創造他們自己的金融期貨，然後是選擇權，然後是選擇權期貨。你不再能從交易所的名稱，判斷他們的交易內容。「咖啡、糖與可可交易所」（Coffee, Sugar, and Cocoa Exchange），也買賣起消費者物價指數期貨。

之前百年是一段慵懶的序曲，而過去十年，則開啟了瘋狂且壯觀的進展，產業交易量增加了五倍。根據最近一次統計，期貨產業共有五萬三千名註冊的銷售人員，三百八十三家經紀商，六千名場內營業員，一千兩百名期貨基金經理人，兩千一百名交易顧問；合計共有六萬五千位專業從業人員。這，就是我即將要面對的世界。

23 開設商品帳戶

我還沒來得及在芝加哥安頓下來，就迫不及待約好艾普斯坦先生，替我開設商品帳戶。這種事通常只要打免付費電話，或者走進街上任何一家期貨經紀公司就可以了。不過艾普斯坦先生把我的事看成他自己的事，同意陪我到他辦公室樓上的銷售部門完成手續。

銷售部門裡，電話行銷人員的聲音嗡嗡作響，他們在座位上打電話拉客戶，講些我曾經在美林證券聽到的台詞。我聽到了以下的片段：「我要找某人」，「您要我在五月打電話過來」，「漲了三分錢」，「您對哪個市場感興趣？」以及「我們是全球最大的折扣期貨公司」。

艾普斯坦先生讓我在一張長桌子旁坐下，遞給我幾份期貨市場說明手冊，外加一份申請表，以及其他法律文件。當我仔細閱讀這些資料時，他在我身後來回踱步。顯然，政府增加了大量文件，這就是他口中不斷念著「政府，政府，政府」的原因。在我看來，這些書面作業根本微不足道。我填上姓名、地址，以及總資產——這些問題，不會比申請超市結帳卡更囉唆。然後我得在兩份文件上簽名，聲明我明白自己可能賠錢，可能傾家蕩產，可能從此一貧如洗，可能得「追繳保證金」，也可能遭遇種種機率渺茫的災難；要是看得太嚴重，這些災難會打消任何人買賣期貨的念頭，正如吹救生衣的念頭，會讓人們想到搭飛機就怕。

我本來想直接簽名，略過文件內容，可是艾普斯坦先生堅持要我回頭閱讀，確定自己明白種種看起來就難過的細節。整個填寫過程，花了十分鐘。

到底要買哪一種期貨？

接下來就是挹注資金的時候了。林德沃達克規定，開戶需繳納五千美元，這可超出了我的能力範圍。艾普斯坦詢問律師意見，他們表示，基於我是為了寫書做研究，他們可以破例只收兩千元。我開了張個人支票，艾普斯坦先生再度徵詢上層意見，然後說，我得等支票兌現以後，才能「開始建立部位」。支票兌現也許得花三天時間，這絕不是一個積極投資人所能忍受的。我打長途電話給老家那邊的銀行，要求他們匯款過來，卻被他們拒絕。行員表示，他不認得我的聲音，無法證明確實是我本人。「這是為了保護你。」他解釋，而我甚至還沒告訴他，這筆錢我究竟有什麼用途。

艾普斯坦先生跟我一起研究這尷尬處境，我們靈機一動，想到同一個解決方法：刷卡買賣期貨。信用卡的點子看來合情合理，不過高層表示這並不符合制度。無論如何，這個點子引領我們找到了真正的解決方案，要是哪天你在芝加哥的時候現金不足，卻又急著買賣期貨，我誠心推薦這一招：旅行支票。

我在密西根大道上找到美國運通的旅遊事務處，跟商品交易所只隔了幾條街。我把信用卡拿給親切可人的萊利小姐看，立即收到兩千元的投資資金，比買機票還不費事。「祝您旅途愉快。」她在我於支票背面簽名時說。我回到林德沃達克，把支票背書轉讓給他們，我的帳戶獲得核准開立。艾普斯坦先生給我一個交易代碼，外加一支免付費電話號碼，我隨時可以打電話下單，一天二十四小時無休。

下一個問題是：要買哪一種期貨呢？艾普斯坦先生照例提供了許多幫助——他的對手芝加哥期貨交易所的公關人員比爾．慕歇爾也一樣。我透過這兩位仁兄，蒐集了勉強拿得動的所有傳單與手冊，然後躲進我的廉價旅館研讀。我記得的標題包括：「賣出賣權、跨式部位契約與組合交易」、「買權價差」、「股市走跌時的買權垂直價差試算表」、「條理井然的交易」、「玩家計分卡」，以及「會見買家與賣家」。

我費了好幾個鐘頭，研究洋洋灑灑占了公文紙正反兩面的投資選單，上頭羅列了一百多種期貨，外加以這些期貨為標的的選擇權，然後還有各種交割月份、到期日，以及各個合約所需的不同保證金金額，複雜無比。保證金，是期貨生意的關鍵元素，它讓這門生意既充滿風險，又有很高的獲利空間。藉由相對的小額投資——例如商品價值的五到十％，投資人就能掌握這紙合約所代表的全數金額。舉例而言，購買一張白銀期貨合約需要五百元保證金，買家因而能掌握一千盎司的白銀。在我下筆此刻，一千盎司白銀價值七千美元。假如白銀價格在合約期間翻轉一倍，投資人即得到七千元利潤，是五百元本錢的十四倍。

至於要如何進行，我還是不明就裡，因此前往兩大交易所的訪客展覽廳，希望能挖出重要線索。兩家的展覽廳都高懸在交易大廳上方，下頭的活動一覽無遺。嚮導形容這裡是，「半英畝廣的經濟活動，國際經濟的脈搏，風險與機會交會的地方。」

訪客可以在好幾架電視螢幕前坐下，模擬投資決策（「出售股票，請按1；持有股票，請按2」）。我按下不同組合的按鍵，最後總是得到這樣的回答：「正如您所擔心的，股市即將下跌。真是個壞消息，不是嗎？」倘若你買了期貨或選擇權來保護你的投資組合，就沒什麼好怕的！

我站在記者席的優越角度，俯瞰二十四個交易場上的行動，數百名穿著球鞋和單色襯衫的人沿著場邊團團轉。交易場中心是瘋狂手勢最密集的地方。金融交易場的人口最稠密，而在芝加哥期貨交易所的國庫券期貨交易場，你簡直難以想像人們要如何呼吸，遑論看清楚誰在對誰比什麼手勢了。一名旁觀者告訴我，他曾目睹一大群人往同一個方向倒，推倒了所有交易員，有些人在跌跤之際仍不忘進行買賣。

農業交易場——活體豬隻與牛隻、玉米與黃豆——上聚集著中年男女，年紀足以做金融交易場交易員的父母。許多人站著看報紙，看似閒來無事。外幣交易場的殺傷力與參與者年紀，大體介於債券與農業之間。

在萬頭攢動的交易場四周，有一群人圍成一圈，面對錯誤的方向——也就是說，背對著行動核心。這些人似乎朝著前方比手勢，然後轉身匆匆張望交易場。嚮導告訴我，他們是一群信差，負責交易場與交易櫃檯之間的聯絡，你可以從寫著林德沃達克、培基、美林、漢霍（Heinhold Commodities）等等的大型名牌認出他們。在窺探與揮舞手勢之間，信差發出了書面便條，像飛盤一樣飄然飛出，奇蹟似地降落在十到十五碼以外的正確櫃檯上。

我離開展覽廳，再次拜訪艾普斯坦先生，報告我的所見所聞。他把交易廳的階級梗概，大致說給我聽：信差列於最底層，許多人是大學中輟生，在這兒比手勢、拋紙片，換取卑微的薪水，期望有朝一日能登上交易場。往上一層是記錄員與檢查員，他們是受聘於交易所的領薪職員。最後才是交易員，可依不同的風險與報酬予以分類。最保守的是場內營業員，他們替客戶買進賣出，靠佣金維生；接下來是搶帽客，冒一點點風險，迅速買入與賣出期貨，賺取瞬間利潤；再來是當沖客，他們持有的部位較多，曝險較大，不過一定當天退場；然後是部位客，可能隨著有利波段持有數週甚至數月；在這之上還有差價套利客（spreader）與跨式部位客（straddler），他們在各個交易場對沖下注，游移於期貨與選擇權之間，正如葛雷素先生在紐約的做法。

「追根究柢，」艾普斯坦先生說，「這是一場零和遊戲。有人賺一塊錢，就有人賠一塊錢。」每個人都得生活，在不是你賺就是我賠的情況下，這真不是一門和氣生財的行業。

至於我應該怎麼做，艾普斯坦先生說，雖然他自己盡可能不涉足市場，不過倘若他是我，肯定會「做多」日圓。他還給我看林德沃達克發行的快報，上面刊登一兩檔當日熱門商品。該公司推薦一個叫做德國馬克跨式部位契約的東西——同時買進四八買權，賣出四九買權。根據艾普斯坦先生的解釋，我猜跨式部位契約大約是自己跟自己比腕力的意思。假如德國馬克升值，我會獲利——不過要是升得太高，我就虧了。

雖然林德沃達克沒把豬隻列為熱門商品，我告訴艾普斯坦先生，我一向很喜歡豬，因此寧可投資活豬選擇權，不願炒作日圓或德國馬克。

玉米專家的指引

為了聽取更多意見，我約了勞夫・席維史登見面。他是農業交易場上的老將，也是一位家族友人的朋友。他在芝加哥期貨交易所樓上有間辦公室。我在前廳等候時，聽見許多人歡呼，「大豆創新高，大豆創新高。」

席維史登先生是個態度和善的中年男子，已經退出交易場沙場，他說他樂得把折騰人的工作留給年輕一輩。如同許多較為年長的交易員，他已退居樓上，透過電腦螢幕追蹤市場。他擺明了是個線圖研究人，訪問過程中，數度起身偷瞄螢幕上的圖表。

基本面派與技術面派之間的分裂，既存在於股市，也同樣存在於商品市場。基本面派研究氣象報告、飼育場報告、筒倉利用率、穀物銷售，諸如此類。而席維史登先生這類的技術面派，則懷疑這些事實的相關性，反而直接從彎彎曲曲的線條尋找交易線索。他們分分秒秒注視螢幕，閒暇之餘，則一頭鑽入從超大型卷宗抽出的每週圖表，拿出卡尺衡量波峰與波谷，彷彿正在安排航程路線圖的水手。

談話當天，黃豆盤據了席維史登先生的所有心思，不過我偏要問有關玉米的事，因為我吃玉米遠比吃黃豆多。他告訴我，今年是玉米的好年，收成豐富，不過更切題的是，玉米有張完美圖表。「那表示你建議我買玉米期貨囉。」我理所當然地說。「當然不是，」他糾正，「別當買家，要做賣家。」

他建議的是「賣出」玉米期貨，意思跟放空股票一樣，也就是說，靠著賣出你未曾實際擁有的東西賺錢，然後期望價格下滑。這其中有個誘人之處，我稍後再談。當時令我大惑不解的是，既然今年是玉米的好年，我幹嘛下注市場空頭面？

就這個問題，席維史登先生解釋商品與股票之間有一項重大差異。當一家企業經營良善，股價就會上揚，然而倘若某項商品——例如玉米大獲豐收，商品市場的期貨價格便會下滑。對於看好玉米市場（也就是做多）的商品投資人而言，豐收是最糟糕的事。最好的狀況是發生乾旱、瘟疫、大火、颶風、地震，或其他能讓作物毀於一旦的類似災難。歉收的結果，將導致價格上揚。這跟我在華爾街所學的恰恰相反，我記下第十九條祕訣：

實際情況越糟，對期貨越有利。

為了確認席維史登先生做空玉米的建議，我聯絡喬登・霍蘭德，他是個很有名的玉米交易員，家族成員是交易所內資格最老的連續會員。他也同樣退居樓上辦公室，不過我在那兒沒看見電腦螢幕。我看到一張弧形的塑膠桌子，一份從汽車零件專賣店拿來的裸女月曆，以及艾森豪時代留下的其他東西。霍蘭德先生穿著一條時髦的吊帶褲，看起來就像他真的曾加入艾森豪執政團隊服務。

霍蘭德先生不但熱心助人，而且學識淵博。他說他的父親，奧斯卡，早在一九一九年就進入玉米交易場買賣。我眼前的霍蘭德先生，從一九四〇年代中期自空軍退役以後，便開始做期貨交易。他的兒子也克紹箕裘，霍蘭德三代都做玉米生意。

我請霍蘭德先生描述玉米現貨交易的舊時代。「一車車玉米進入芝加哥，停靠在鐵道場的中央檢查哨，」他追憶道，「州政府檢查貨物，每車取一批玉米樣品，放入紙袋子，然後拿到芝加哥期貨交易所的交易大廳，攤到平坦的大理石桌面上，一車樣品放一張桌子。買賣成交後，我們收取貨款，發派火車前往最終目的地。」

時至今日，霍蘭德先生繼續說，玉米再也不進芝加哥了。相反的，它在原產地進行檢驗，透過電話下單。玉米成了一種交割形式。在紙上壽命中，一蒲式耳可以被對沖、投機二十五回。我問，是否有從來沒真正見過一車玉米的期貨交易員，霍蘭德先生料想確實如此。

至於我個人的投資，霍蘭德先生與席維史登先生看法一致。他也對今年的收成保持樂觀，因此看壞期貨。「別做多，」他說，「要做空，放空九月一七〇合約。」我仔細抄下筆記。

離開霍蘭德先生之後，我聽說另一個家族——史奈德家族，四代投身於期貨市場。曾祖父山姆賣雞蛋，這一代的史奈德子孫則買賣黃金、國庫券和歐元。艾普斯坦先生告訴我，許多芝加哥家族經過同樣的進化過程，從現金買賣到期貨，從食物到貨幣，從交易場到電腦。交易技巧沒有多大改變，艾普斯坦先生暗示，這些技巧甚至可能就在家族血液裡流動著。

我縮小投資範圍，在做多日圓、做空玉米、德國馬克價差與活豬選擇權之間抉擇。再度跟艾普斯坦先生反覆討論半個鐘頭以後，他建議我拿我的兩千元資金，各種合約都買一點。他也著手安排，讓我親赴交易場追蹤自己的買單與賣單。換做紐約證交所，這是絕對不可能辦到的，我再度見證這個美好城市的開放與慷慨。

交易場浮世錄

艾普斯坦先生帶我下樓，走到商品交易所的交易廳入口。我們在那兒與萊曼．費利本先生會合，他是主掌林德沃達克所有場內活動的經理，頭頂漸禿，有著碼頭工人那種抖擻精神。在艾普斯坦先生與費利本先生的左右隨扈之下，我拿到訪客識別證，被簇擁著通過安全檢查哨。我可以看出安檢的必要性。如果沒有安檢，任何陌生人都可以輕易假造交易識別證，從容走進交易場，開始大聲吆喝揮舞手勢，詐取全國半數的農產品或數十億元的國庫債券。

大門左邊的布告欄上，張貼著因穿著破爛牛仔褲、隨地丟棄口香糖、在場內飲食，以及不當拋擲交易卡而受到商品交易所懲處的名單。從這些違規行為的本質看來，許多交易員都還只是青少年。我只在另一個地方看過類似規則，那就是大學食堂。「你可能基於許多理由而被罰款，」艾普斯坦先生說，「包括咬人。擁擠的交易場上確實可能發生這種事情。」

識別證遭到沒收、被禁止進入交易廳的名單還更長。並非因為他們咬人。艾普斯坦先生說，這些是剛剛傾家蕩產的可憐人，他說，「連褲子都輸掉。」四成的期貨交易人血本無歸，尤其是新手。「這些日子以來，他們來來去去，有如曇花一現，」他繼續說道，對著一敗塗地的名單悲憫地搖頭。「這裡以前就像個和樂的小鎮，如今環境嚴酷多了，你幾乎對交易場上的同伴一無所知。」

我們進入頭頂上環繞著報價板的交易區，規模不遜於紐約證交所交易廳。廣播員每隔幾秒就呼叫某個人接電話，我們發現自己置身於穿著黃色夾克的信差當中，他們多半還長著青春痘。

萊曼・費利本帶領我們穿越信差，來到林德沃達克下單櫃檯旁的一排電話前，這是接受一般買單與賣單的地方。我跳過打電話對券商下單、券商再打電話對交易櫃檯下單的正常程序，直接告訴費利本先生我打算買進的投資。他寫在一張廢紙上，放進計時器打卡。那是艾普斯坦先生推薦的日圓選擇權。

日圓選擇權的運作方式，跟我之前在紐約買進的一籃子股票選擇權一樣。它賦予我從現在到到期日之間，隨時購買數百萬日圓期貨合約的權利。事實上，我想要買兩份九月到期的日圓選擇權，單價兩百一十五元。

「想看看訂單的後續處理嗎？」費利本先生說，「跟我來。」我們離開電話桌，在股票選擇權交易場的外圍站定，現場氣氛熱絡，跟提娃娜（Tijuana，靠美國邊境的墨西哥小城）的鬥雞一樣地生命力旺盛。日圓選擇權交易場相對冷清，場內頂多只有五十位交易員，全數朝中央集中。

費利本先生把我的廢紙遞給一位綁著馬尾、名牌上寫著K-62的男人。他匆匆抓起紙片，轉過身去，朝著交易場吆喝：「兩口買權，各兩百一十四。九月，兩口買權。」幾秒鐘後，K-62回身過來，在紙上胡亂寫了些什麼，然後交給費利本先生。

「好了。」費利本先生說，然後介紹K-62的名字是霍華．施列斯。K-62握握我的手，口中念念有詞，然後含糊的丟下一句「我很忙」，匆匆消失在交易場上。「他現在沒空說話，」費利本先生說，「不過你注意到他剛剛做的嗎？你見到另一方出價兩百一十五元嗎？霍華大可以接受對方出價，但是他不慌不忙，替你把價格壓到兩百一十四。那就是厲害交易員的特色。你得留心的，是那些廢物。」

我們走回下單櫃檯記錄交易的時候，費利本先生闡述他所謂的「廢物」。廢物是漠不在乎的交易員，懶得替客戶爭取最佳價格，不是害買家付太多錢，就是害賣家賺太少錢。雖然我沒留意實際交易過程，但我由衷感謝K-62施列斯替我省下一塊錢。才這麼一會兒，我已經覺得到交易場下單，不啻朝一大群海鷗高舉麵包。

費利本先生在我的日圓買單上蓋章，道聲恭喜，然後我們重複同樣過程買賣德國馬克。在德國馬克交易場，我的買賣交給朗・英格浪處理，他是一個容易親近的大塊頭。他很快買進一份九月四八德國馬克買權，同時賣出一份九月四九德國馬克買權，於是創造了跨式部位——天曉得那是什麼意思！

英格浪先生不忙，我們站在他的交易場邊短暫交談。他曾當過電話維修工，打過越戰，試過披薩生意，然後才加入林德沃達克。在那裡，他從黃金起步，之後轉做德國馬克。閒暇之餘，他幫忙照顧三名子女，到教堂唱詩，當小聯盟棒球賽的裁判。唯一不做的事，就是投資德國馬克選擇權。他寧願替我這種大膽賭客處理訂單，生活過得去就好。「我每賭必輸，」他透露，「我很早就看清楚這一點。」我佩服他的自制力，不過置身於創造龐大財富的環境，我認為他錯失了良機。

我們拿著德國馬克價差，回到下單櫃檯登錄，然後大踏步邁向活豬選擇權交易場。這個交易場不比你家後院的水療浴缸大，而且空無一人，你可以看清楚每一個步驟。艾普斯坦先生感嘆，這是美國農業悽慘衰退的另一明證。

費利本先生、艾普斯坦先生和我足足站在那裡枯等了將近兩分鐘，才有一位穿著橘色白色格子外套的紅鬍子男人，從活豬期貨交易場方向信步走過來。他的外套鐵定可以替他拉生意，不過眼下只有我一個客人而已。

紅鬍子男人介紹自己是桑尼．赫希。相較於他的服裝，他顯得思慮縝密，甚至嚴肅持重。他看起來跟我年紀相仿——四十歲左右。費利本先生遞給他我的活豬買權訂單。

「八十元買一口。」赫希先生朝著空盪盪的交易場吆喝。沒有立即的反應。沒多久，一兩個無所事事的交易員嗅到了機會，在我們身邊徘徊。「八十五。」赫希喊道。一位名牌代號LQ-001的年輕女士突然現身，完成交易。費利本先生把我拉到一旁，解釋剛才的行動：赫希先生出價八十，沒有人接受，於是加碼到八十五元，試圖吸引賣家。八十五是兩百八十五元的簡稱，我就是付這個價格買一份活豬合約選擇權，十月以前有效。

賣給我這份選擇權的年輕女士立刻離開交易場，沒入隔鄰的活豬期貨裡。「她也許兩邊下注，分散風險。」費利本先生說。活豬期貨與活豬選擇權之間有很深的交叉買賣，正如我在紐約見到的股指期貨與選擇權之間的關係。

「我的兩百八十五元代表什麼？」我問費利本先生。他查核一張小小的理貨單。「大約三萬磅。」他說。我的選擇權賦予我權利，可以在十月以前買進三萬磅豬隻的期貨合約。我猜一般豬隻大約五百磅，這份選擇權，賦予我對六十頭動物的潛在控股權益。我當下發誓多吃豬排與培根，同時打電話哀求朋友們仿照辦理。大夥兒團結一致，也許有機會哄抬價格。

費利本先生指出一位手持無線通話機的女人，正在對中央控制亭報告我的買賣。幾秒鐘後，八十五的數字顯示在活豬報價板上，同時閃過全球各地類似的報價板。看著數字出現在頭頂上，如同看見我的筆名出現在雜誌上一樣令人顫動。「那是我的八十五！」我對著費利本先生及赫希先生大吼大叫。由於豬隻交易並不活絡，赫希先生回來加入聊天。

我問赫希先生，豬隻為何如此不受歡迎。他說政府報告即將在下週一出爐，投資者選擇按兵不動。這個穿著橘白格子外套的安靜男人，似乎有些悵惘，甚至哀傷，不過我沒空留下來深究原因。艾普斯坦先生急著回去工作，而且費利本先生通知我，芝加哥期貨交易所的玉米交易場即將在三十分鐘後收盤。我們盡速離開商品交易所大廳，在安檢哨互道告別。我踏著輕快的步伐，朝著期貨交易所前進。

農民的壞消息，就是我的好消息。

這棟新藝術地標，內部跟外觀一樣令人嘆為觀止。ABC電視台的一組拍攝人員為了錄製一部紀錄片，正在大廳採訪小麥期貨交易人，內容是關於東南部大旱造成的衝擊。做多小麥的交易員看來非常開心。

我在交易廳入口旁的安檢哨，遇上名牌代號SIJ的約翰．蘇利文，他是林德沃達克在此地主持大局的人。

我猜蘇利文先生一定事先接獲警告，得知一名古怪的林德沃達克客戶要親赴現場，追蹤他的玉米交易。他試著展現最高熱誠，即便在我告訴他我打算「賣出一份九月一七〇」，然後問他這究竟是什麼意思之後。蘇利文先生耐心說明，我要賣的是一張代表五千蒲式耳的玉米契約，每蒲式耳一百七十元。但願我能在九月合約到期以前，以較低價格買回，否則我就得準備更多保證金，或者準備接收玉米。

他帶領我進入交易廳，前往玉米交易場，會見林德沃達克的玉米人，馬蒂．迪克曼。「黃豆翻盤了。」有人大叫著。鄰近的黃豆交易場上吼聲沸騰，我得把整個身子探進玉米交易場，才能聽見我的玉米出價員的聲音。「別站到交易場上，快退後。」蘇利文先生提出告誡，揪著我的運動衫。我退後一步，迪克曼先生對著場上二十幾位同伴擺動手指，直到有人買了我的玉米。

蘇利文先生通知我，我剛賣了五千蒲式耳給嘉吉公司（Cargill），那是中西部規模最大的農產企業集團之一！這是我今天第二次如此興奮激動。賣出大量的玉米，讓我想起夏天在庭院中揮汗耕耘的母親。總是拒絕幫助母親澆水與除草的我，如今站在芝加哥，賣出的玉米遠超過她一生所能栽種的數量，而且跟業界巨擘做生意！這顯示假如你採用現代化做法，務農不見得是份苦差事。

我的得意很短暫。也許，玉米交易員迪克曼先生看到了我的微笑。總之，他得給我澆桶這樣的冷水：

「剛到這裡的時候，我狂妄自大，眼高於頂。我有法律學位，而交易場上淨是這些退休員警、卡車司機，以及詞彙不超過兩百字的白丁。我想必可以在頃刻間大撈一票，不是嗎？跟這些人競爭，怎麼可能會輸？但是我被痛宰一頓，接著又被痛宰一頓。你知道我在這兒學到了什麼？謙卑，自制。如果帶著優越感做買賣，必死無疑。

「你遲早會認清自己，那就是這場遊戲的精神，認清你自己。人們總愛夸言市場是如此這般，開始以為自己深諳其道。他們發現自己錯了，他們摸不清市場。市場是……市場是神！」

撇下這麼一篇精采絕倫的演說之後，迪克曼先生消失在玉米交易場中央。一直默不作聲站在一旁的蘇利文先生，領我走回交易櫃檯，登錄我的玉米交易。我賣掉五千蒲式耳，收入已入帳我的戶頭。

我上樓到訪客展覽廳，觀看穀物市場收盤。收盤鈴聲在下午兩點響起前的幾秒鐘，整個交易場陷入一片瘋狂，彷彿所有交易員同時發了羊癲瘋。鈴聲響後，場內歸於默禱般的寧靜。我從頭頂上的報價板，看見玉米價格已經跌到〇．一分錢。農民的壞消息，就是我的好消息。

24 在商品市場大發利市

不瞞您說，我一度對自己所做的一切心生動搖。從玉米交易場返抵旅館，在那兒等著我的一份口信，助長了我心中疑慮。那是林德沃達克捎來的消息，說明我短少了兩千五百元，必須立即追繳保證金。當商品價格走勢不利於你，你就會被追繳保證金，強迫你在帳戶存入更多現金做為擔保。倘若你沒有提出更多現金，你的部位就可能被清算了結——就我的案例，事情發生在買進部位不到一個鐘頭以後。

我立刻致電林德沃達克，接線人員試圖和我攜手解開謎團。豬腩價格在我從一家交易所走到另一家交易所的時間內急轉直下了嗎？德國馬克跨式部位契約暴跌了嗎？聯手合作之下，我們斷定問題出在日圓選擇權上。每紙日圓合約涉及的金額，是我原先以為的十倍。艾普斯坦先生和我誤讀了投資選單上的一個小數點。

手裡掌控一千兩百萬日圓，而非一百二十萬，這個想法令人頭暈目眩。不過，這意味著選擇權的價格是兩千一百四十元，而不是原先以為的兩百一十四元。由於我只投入兩千元開設帳戶，還不夠四項投資所需的保證金。

就算我願意扛起我對日圓的投資，也不想再度走回美國運通辦公室，購買更多旅行支票。我徵詢接線職員的意見，他建議我，立刻出脫我的日圓部位。

他幾分鐘之後回覆電話，告訴我日圓在我持有的這一個鐘頭左右走升，扣除佣金之後，我淨賺二十五元。這是我對芝加哥商品的第一場勝仗，我深感自豪。在此期間，我仍放空五千蒲式耳玉米，仍持有三萬磅活豬的選擇權，外加神祕難懂的德國馬克跨式部位。

我的帳戶的出入明細當中，包括賣出玉米的四百三十七元五毛進帳，實際現金支出為一千四百一十七元五毛，因此剩下另外六百塊錢的購買力。

零和遊戲中的艱辛與風霜

雖然日圓問題解決了，心中還是隱隱覺得不安。我回顧整個過程，找出了疑點所在。百萬富翁在哪裡？有著昂貴毒癮的大膽賭客在哪裡？總讓我們跟這門美妙生意聯想在一起的加勒比海小島主人在哪裡？香檳和魚子醬在哪裡？預備飛往巴黎的私人專機又在哪裡？在各個交易場與樓上辦公室，我沒見到圓滾滾的鈔票捲，沒聽到任何人談起天外飛來的橫財。至今聽到的故事，無非是關於謙卑、掙扎與幻滅。

莫不是這些交易員過於謹慎狡猾吧！買進部位的隔天，我重返交易場，期望至少找到一位交易員告訴我，他如何拿他的百萬資金運籌帷幄，不然就介紹我認識其他大戶。我站在安檢哨前，呼叫我在交易廳裡的新朋友。

他們找不到那位日圓營業員——霍華・施列斯，不過反正我的日圓已經脫手了。德國馬克營業員朗・英格浪很高興再見到我。他說他是交易所教育委員會的一員，剛從新交易員訓練課程授課回來。經過星期三一個半鐘頭的模擬交易，以及星期四的簡短書面考試，這些生力軍將於星期五進駐交易場，用真錢下注，為自己交易。

我請英格浪先生列舉發了財的交易員姓名。他說有些人的確發財致富，但是他一時想不起來可以立刻安排我採訪的人。

我走到冷冷清清一如往常的活豬選擇權交易場，跟穿著格子外套的桑尼・赫希打招呼。他仍然表情凝重，我還來不及問好，他就冷不防丟下之前一直沒機會傾吐的炸彈，「我賠了十四萬塊，」他平鋪直敘，「還沒能復原。」他說十年前，他在農業交易場上賺了不少，不過後來受到股指期貨交易場的熱鬧行動引誘。一開始頗有斬獲，於是加碼買進股指期貨，甚至融資增加賭注。一天，市場走勢逆轉，徹底摧毀一切。「我花了十年努力累積，只需一天就能毀了自己，」他說，「只需要一天。」

從那時起，他退居二線，靠佣金維生，既要負擔家計，又要清償債務。他沒有把困境歸咎於股指期貨突如其來的意外走勢，而是歸咎於自己的性格缺陷。他認為自己已經改頭換面，革除了這項缺陷，但願有一天能再度用自己的帳戶買賣牲畜期貨，就像他自我毀滅以前做的那樣。

這是我第二次聽到充滿哲思的話——第一次出自玉米交易場的迪克曼先生（「你遲早會認清自己」），現在則出自赫希先生（「只需一天就能毀了自己」）。我開始體悟，一般交易員沒把這些市場當成金礦，而是嚴酷的現實治療，替他們揭露缺點，而他們為此受到財務懲罰。他們最多只能期望定下來，賺進還過得去的收入。這跟呈現在一般大眾眼前的快速致富道路，簡直是天壤之別，我從謙遜的迪克曼先生和溫和友善的赫希先生臉上，看到了艱辛與風霜。

這時候，LQ-001從我身旁走過，她就是賣我活豬的那位小姐。我叫住她，她介紹自己，「伊麗莎白．夸特羅齊。」她說。她長得很高，身穿花呢套裝，看起來至少二十五歲了。我問她跟活豬選擇權有什麼淵源。「暑假玩玩罷了，」她說，「用家父的帳戶。」她的父親原本是位莎士比亞學者，她說我可以在活牛交易場找到他。不過夸特羅齊小姐警告我別過去，「今天別試著找他講話，」她警告我，「你應該昨天找他的，昨天市場漲停，今天跌了八十。」

夸特羅齊小姐猜她父親靠牛隻期貨交易賺的錢，遠超過他一輩子靠莎士比亞賺的薪水。事實上，他已經轉換事業跑道，以便讓家人過更好的生活。至於夸特羅齊小姐自己，則是為了支付耶魯醫學院的學費，才開始買賣豬隻期貨。

耶魯醫學院所費不貲——再加上夸特羅齊小姐採取跟我相反的活豬選擇權部位——促使我單刀直入地問她，我是否做了錯誤選擇？「希望如此，」她說，「因為假如你贏，就表示我輸了。你知道的，這是一場零和遊戲。」艾普斯坦先生也這麼說過，不過直到我在活豬交易場邊，從對手口中聽到同樣的話，才有如醍醐灌頂，頓時領悟其中深意。

我當場認輸，提議以成本價格退回我從夸特羅齊小姐手上買進的活豬選擇權，如此一來，雙方至少沒輸沒贏。她婉拒了。她聽說美林即將進場，準備「用鈔票壓垮市場」，她預測豬隻價格將因此下跌，所以她樂得坐擁空頭部位，讓我陷在多頭部位進退維谷。

在交易廳度過第二天後，我仍未見到任何一個大膽賭客。所遇之人當中，最成功的要屬夸特羅齊小姐，不過就連她，也得擔心學費的著落。每當交易員告訴我，哪位發財致富的交易員故事時，這位幸運的老兄最後總離開了交易所，不知所終，也沒留下信件轉寄地址；要不就是說故事的人忘了名字。

艾普斯坦先生介紹我認識傑夫·札瑞特，這位二十五歲年輕人放棄大學生活，選擇了股指期貨交易場。我到札瑞特先生的樓上辦公室，我想我打擾了他在沙發上的假寐。他的眼裡閃著敦厚的目光，肚皮微凸，兩天沒刮鬍子了。我問他，是否認識哪一位百萬富翁，札瑞特先生說他曾在股指交易場上，站在一個三小時內賺進六十五萬美元的傢伙身旁。正如其他人，札瑞特先生也不記得這位老兄的姓名了。沒多久，他開始訴說自己在這一行掙扎求生的過程，「獲利越來越困難了。」

「越來越多人想分一杯羹，越來越多人追逐這最後一塊錢，」他說，「對我這種場內自營交易員而言，利潤越來越薄。我仍然跟別人租用交易所席位，真希望能擁有屬於自己的席位，但是實在負擔不起。」札瑞特先生說他可能遷居新加坡，在那裡交易。否則乾脆回到學校。

期貨交易員眼中最大的妖孽，就是錯帳問題（out-trade）。那是當你做了一筆獲利買賣，等到下午結帳時，另一方卻翻臉不認帳，否認有這筆交易。交易所定期舉辦公聽會解決此類紛爭，不過往往無法證明誰對誰比了什麼手勢，尤其在擁擠的交易場中。在交易員彼此為友、守信用重然諾的時代，錯帳問題很少發生。如今卻屢見不鮮。

對這一行認識越深，越覺得它危機四伏。如果連專業交易員都難以在此賺錢，散戶有什麼機會？我所見所聞的一切，似乎跟廣告扞格不入。

九成五的散戶是輸家

我再度回到林德沃達克拜訪艾普斯坦先生，傾吐心中疑慮。他自始至終毫無隱瞞。從他的解釋看來，事情比我想像的還糟。「這不是個輕鬆賺錢的好方法。」他說。商品交易所現在得不斷推出新的規定，讓人們能用更少錢、更容易地成為交易員。「總得有活人在這些該死的交易場上吧！」這年頭，要找新的待宰羔羊越來越難，他們說，需要「提高流動性」。「既然是交易，總得有人做交易的另一方。」艾普斯坦先生繼續說。

在提高流動性這一點上，一般散戶厥功甚偉，交易所由衷感激。事實上，艾普斯坦先生估計，八十五%到九十五%的散戶，在期貨與選擇權上賠錢。這些輸家是你我這種投資人，偶爾抓到個好點子——白銀即將上揚或玉米即將下跌——然後就傻乎乎地打電話給營業員，買進幾口合約。

九十五%的輸家！賠錢機率超過俄羅斯輪盤、吃角子老虎、回力球、賽狗、賽馬或我們稱之為賭博的其他活動。這個數字讓我瞠目結舌，於是向許多人求證。芝加哥期貨交易所發言人比爾·慕歇爾估計，七成期貨散戶賠錢，其他人則說有八十%、八十五%和九十%。更令人詫異的是，他們若無其事地拋出這些數字，絲毫不以為意。

期貨業界似乎沒有人追蹤贏家與輸家的實際統計數字。我聯絡華盛頓期貨產業公會的麥克·史密斯，他說沒聽過這方面的研究，還說這屬於「機密資訊」。他提到伊利諾大學的一份報告，宣稱九成的商品投資人賠錢，不過那是一九五〇年代的陳年研究了。「如今要判定這類事情，非但不切實際，更違反了我們對產業的良善責任。」史密斯先生說。

我從他那兒，得到幾份由期貨產業委託執行的一般市場調查報告。報告中略而不提的部分，才是最耐人尋味的地方。在其中一份報告中，研究人員無所不問，從「你閱讀哪些刊物？」到「你喜歡跟你的營業員交談嗎？」可是他們從不觸及「你賺錢還是虧錢？」最接近這個棘手問題的題目是：「你未來是否計畫繼續投資期貨？」三成受訪者表示沒意願繼續投資，從這樣的反應，我料想他們必定賠錢。如果艾普斯坦的預估正確，那麼虧損並未遏阻其他六成可憐人繼續留在市場奮戰。持有期貨與選擇權四十八小時後，我洞悉了我所要面對的輸贏機率。我致電林德沃達克交易櫃檯，查詢我的目前進展，得知我的兩千塊錢，兩天之內增長到了兩千兩百六十五元。

我原本不會把兩百六十五元的獲利看在眼裡的，不過基於我的最新發現，這看來似乎是了不起的成就。我簡直迫不及待全數脫手——活豬、德國馬克跨式部位和玉米。雖然之前我曾想要長期持有部位，但是我現在知道，我有八成到九成五的機率，會成為輸家，而兩百六十五元獲利，讓我躋身非常難能可貴的一小撮贏家之列。倘若一直都能賺兩百六十五元，我的年度獲利相當於四萬七千五百元，也就是一千五百%的投資報酬率。事實上，我的報酬率比較接近兩千%，我只是謙虛一點。

拿我的成功，跟我從專業交易員聽到的掃興故事相比，我得說，我在商品市場上獲得大勝。我很樂意拍攝那些電視廣告，只要他們在片中提及我的第二十條祕訣：

一個人的年紀越大，歷史績效越好。

25 有關期貨的疑惑

撇開自己的投資不談，仍有許多關於期貨與選擇權的費解問題有待回答。好比說，假如九成投資人注定是輸家，而這是一場零和賭局，那麼錢都落入誰的口袋了？我在芝加哥到處打探，開始反覆聽到同樣幾個名字：理查・丹尼斯（Richard Dennis）、雷・費里曼（Ray Friedman）、喬埃・葛林柏格（Joel Greenberg）、艾倫・埃肯（Aaron Itken）、林德沃達克的貝瑞・林德、里歐・梅拉梅德（Leo Melamed）以及喬・瑞奇（Joe Ritchey）。我試著聯絡這些人，可惜他們若非出城去了，或者正準備出城，要不就是有事纏身，否則乾脆拒絕接受採訪。

理查・丹尼斯大名鼎鼎，他靠商品交易賺了數百萬美元，並且捐贈大筆款項資助自由派理念。我認為自己也是個自由派，不過他的拒絕受訪，一舉把我推向另一端的保守派陣營——喬・瑞奇。瑞奇先生的政治理念不明，因為他非常低調，不過傳聞他是個虔誠的基本教義派信徒。

我還耳聞有關瑞奇先生的其他傳言，例如：十或十五年前，他原本在伊利諾州都培志郡擔任警員，據說一年只賺幾千塊錢。他跟姊夫合開了一家商品交易公司，身價雙雙躍上數百萬美元之譜。公司叫做「芝加哥研究與交易」（Chicago Research and Trading，簡稱CRT），日後躋身全球最大的期貨與選擇權交易公司之一。CRT有四百名員工，占據芝加哥選擇權交易所大樓的整整兩個樓面，而且即將擴充至第三個樓層。公司內部聘有專任的心理醫生，有一套足以媲美美國太空總署的電腦系統，一個供應新鮮鮭魚的自助餐廳，還有一間私人健身房。瑞奇先生跟他的夥伴正準備大量收購伊利諾州農田——這是紙上農業對實際農業的最後勝利。

我試著向瑞奇先生求證上述傳聞，但是他對我的電話轟炸相應不理。我找到了他的繼子桑恩·阿姆斯壯，他主動提議帶我參觀CRT。阿姆斯壯先生是個類似美式足球邊鋒的大塊頭，性情溫和一如無尾熊，大學暑假期間在CRT打工。他證實上述諸多傳聞，從瑞奇先生的員警出身開始。他還透露瑞奇先生在芝加哥交通局擔任公車司機的歷史、他的數學天分、他一九七〇年代早期買賣白銀的最初勝利、他買大豆對抗豆粉交易的策略、他跟親戚朋友集資買賣黃金，然後債券，然後國庫券，然後在全球各大市場的成功征戰。

謠傳CRT的規模非常大，他們買賣的國庫券，占了國庫券交易場的半數交易，而他們的公債期貨交易量，往往超越著名的所羅門兄弟或高盛，每天進出數十億美元。阿姆斯壯先生說他並不清楚實際規模，不過他介紹我認識一位公債交易員，後者要求我不得洩漏姓名，只准許我提到他穿花俏的夏威夷衫，意圖跟赫希先生的橘白格子外套沒什麼兩樣。這名公債交易員證實他經手大量的債券合約，對一名二十七歲年輕人而言，真是個重責大任。他說他住在農場裡，每天清晨開車進芝加哥，以便搶得先機，戰勝競爭對手。這份工作唯一困擾他的，是罵髒話。「我以前不會罵髒話，」他說，「我是在公債交易場上學壞的。」

阿姆斯壯先生跟我一邊說話，一邊在走廊上來回，穿梭在辦公桌和電腦之間，走了不下半英里路。他告訴我，CRT的氣氛像個大家庭，許多員工畢業自鄰近的惠登學院（Wheaton College），那是一個不胡鬧瞎搞、虔誠敬神的校園。這聽起來像是一群年輕、向心力強、工作認真的金融耶穌會信徒，在喧囂的工作場所賺進數百萬美元。

雖然人們對瑞奇先生的傳聞很多，但是據我的觀察，他的成功倒不是基於宗教，而在於數學。在少數引述他的文章中，他聲稱這樁生意不啻「從地上撿錢」。顯然，與其說他和他的夥伴是純粹的交易人，倒不如說他們是規避風險的套利者。他們絕不會採取跟我同樣的部位，在市場的一面毫不設防——不論空頭或多頭。他們同時在兩面買進與賣出，類似葛雷素先生的手法，只不過複雜得多。

套利，就是投資某一個方向，同時又押注另一個方向，好確保無論結果如何，你都有利潤。CRT所做的每一件事，顯然都是用這種方式：他們在某一個交易所買進黃金，拿到另一個交易所賣出，擷取其中微薄的價差。國庫券、黃豆或白銀的操作也是如此，尋找每一次轉手的保證報酬——這裡一點、那裡一點。他們的員工親身在交易所裡買賣，他們的電腦仔細追蹤價格，數百萬美元湧進每一個套利機會，CRT與瑞奇先生變得越來越有錢。

究竟多有錢，我不得而知。但是芝加哥的大筆財富，的確操縱在少數人手上。若非他們如此低調，我們老早就把他們奉為當代的范德比爾特（十九世紀美國航運大亨）、古爾德（Jay Gould，十九世紀投機金融家）和卡內基（Carnegie，美國鋼鐵大亨）了。我越深入了解商品交易只有少數贏家和廣大輸家，就越深信史上從沒見過有那麼多人，捧著那麼多錢送給那麼少數的人。在美國金融史上，期貨與選擇權創造了最大規模的自動轉帳行動。

一個偽裝成保險的龐大賭局

下一個問題是：期貨市場最初的形成，是基於什麼樣的起源？我自己無法提出令人滿意的答案，因此向多位交易所發言人求教。他們的答案是「避險」。避險的貢獻很大，這個觀念讓期貨市場有別於賭馬和俄羅斯輪盤，並且賦予它社會效用、經濟理由，以及一份崇高的使命感，更別提這一行多年以來享有的各種賦稅利益。

兩大交易所的宣傳手冊上，莫不累牘連篇描述各種避險案例，我在這裡舉出其一。假設你是賀喜（Hershey）巧克力公司，擔心可可粉價格上漲，較高的可可粉價格會降低貴公司的巧克力棒利潤。於是，你可以購買可可粉期貨，來預防這項威脅。實質上，你是以今日價格，簽訂了日後進貨的合約。

另一方面，假如你是種植可可的農人，擔心可可市場在你收成以前跌價，你可以做相反的動作。你賣出可可期貨，以今日的價格，賣出日後的收成。

避險——也叫做價格保險——是從玉米到國庫券的整個期貨產業，最令人稱道的存在理由。芝加哥期貨交易所與商品交易所雙雙聘用經濟學家團隊，證明最新提出的各項合約（例如新屋開工合約）會幫助一般生意人，不只對投機客與賭徒有用而已。市面上有眾多避險專題演講、避險研討會，還有整套避險課程，探討你想達成的每一項嚴肅任務。

然而，從我第一手蒐集來的情報，真正的避險人恐怕如鳳毛麟爪。農產品期貨的交易歷史已有百年之久，但是農民的鮮少避險是出了名的。雖然官方沒興趣對避險人進行統計調查，但是期貨產業公會最近研究發現，只有五．六％的農產品期貨，是由意圖避險的農民購買的。事實上，許多農民把他們的經濟問題歸咎於期貨市場，唯一會讓他們接近商品交易所的理由，是當他們要示威抗議的時候。

至於其他各大期貨市場，官方表示十％的市場參與者是避險人。這表示，其他九成參與者，純粹是為了賭博而進場。我開始懷疑真正為了避險而買農產品、貨幣和其他期貨的人，人數跟下注賭別人的馬贏、以便規避風險的賽馬主人一樣多——也就是說，幾乎沒有。相反的，我們擁有的是一個偽裝成保險的龐大賭局。

我個人曾遇見買進賣權或買權，以便替他們的投資組合避險的股市投資人。然而沒多久，他們買進超過保險所需的賣權或買權，再之後，他們便完全融入賣權與買權生意，壓根忘了股票這一回事。同樣狀況也可能發生在所羅門兄弟這種有名的公司，他們一開始買進公債期貨，替內部的公債組合避險，沒多久卻發現自己玩起了公債期貨的投機買賣，期貨本身成了目的。

我把這些想法一五一十告訴萊斯特．戴爾瑟（Lester Telser），他是芝加哥大學經濟學教授，也是有關組織化期貨市場的知名專家。對於期貨市場的好處是否超越其社會與經濟成本，他持懷疑態度。假使期貨市場——依照目前結構——的重要性，一如保險之於大企業，為什麼那麼多種合約一下子暴紅又失寵，有時甚至完全停止交易？假使避險對於產業福祉真的那麼重要，為什麼那麼多產業從不避險卻仍安然存活？這些是我提出的反詰，不是他的。

我也訪問了吉姆．史東，他是期貨主管機關——商品期貨交易委員會（Commodity Futures Trading Commission，簡稱ＣＦＴＣ）的前任主委。史東先生沒替他的負面意見避險。「簡而言之，期貨交易是合法化的賭博。」這是他的一個意見。另一個意見是，「最近成長趨緩，因為笨蛋的荷包暫時被掏空了。」另一句話：「這些市場就好比吃晚餐，交易員、套利者、經紀商是用餐的人，他們靠大眾投資人填飽肚子。這些投資人就是晚餐。」史東先生最後大肆抨擊「貪婪的學術界」，他們拿人錢財替人說話，斷定期貨具備有益的經濟效用——這點對他們自己而言，確實如此。

艾普斯坦先生提過，國會議員或其他貴賓每回前往芝加哥，只要開車打期貨交易所門前經過，就可以收到一千美元的車馬費。此舉是否有助於說服國會議員相信期貨具有經濟效用，他無法肯定。

CFTC在忙些什麼

這一行有另一個極為流行的理論，認為期貨合約與其背後的實質商品——也就是真的蛋、真的豬、真的黃金——有直接聯繫。從我有限的經驗，我也對此有所懷疑。我見過的黃豆交易人，會在最後一顆黃豆都做成了豆腐之後，還繼續交易黃豆。只消在芝加哥度過幾天，人與自然現實之間的關係就會出現變化。你開始用交易員的方式思考，對有形的物質失去興趣。經過我在這兩個交易所大廳的仔細觀察，發現交易員很少抬頭看看其交易商品的現金價格。

你一定聽過這個故事：有個人買了洋蔥期貨，結果有一天，門前突然出現二十卡車的洋蔥。就算這種狀況偶爾會發生，但這個故事壓根不符合真實世界，因為，一個認真的期貨交易人，根本不可能留意到門前是否堆了洋蔥。他只會一頭栽入電腦列印文件，試著弄清楚今天究竟是賺是賠。

公關人員提醒我，如果沒有真正的黃豆，就無法進行結算，價值數百萬美元的黃豆期貨合約就完全失去意義。他們說得有道理，到了期貨合約的最後交易日，真正的黃豆還是得拿出來交易的；倘若拿不出真正的黃豆，就等於違約。不過，現在隨著交易越來越複雜，有沒有實體黃豆，已經變得越來越不重要了。

他們還跟我提及，近年來防範商品投機客受到詐騙或傷害的努力成果。產業與政府聯手合作，戮力追求更公平的交易。我自己是很難相信，在一個讓八到九成參與者血本無歸的產業，還需要怕什麼老千，不過，公平交易會議還是年年召開，商品期貨交易委員會也經常頒布新法規。

CFTC成立於一九七五年，旨在監督美國八大交易所買賣的八十二種期貨，確保絕大多數投機客是以平和、公道、有效率的方式賠錢。我走訪了華府的CFTC，這棟低調的新辦公大樓，離白宮市場總部不遠。大廳裡，在重重旗幟與總統玉照後方，我見到一兩個人信步遊蕩。

等候會見經濟幕僚尼克·密莫立的時候，我拿起一本叫做《商品期貨交易委員會的第一個十年》的小冊子，其戲劇張力不輸一本好的偵探小說。它對於期貨產業的整體描述，勝過我迄今讀過的一切。

第一章是「拔地而起」，新CFTC正式開始運作，從其他機關轉調過來的兩百四十名職員，無一不覺得莫名其妙。這些員工在臨時湊合著用的地下室辦公室安頓下來後，赫然發現他們要監管價值五千七百二十億的期貨交易。他們得決定如何頒發執照給兩萬兩千名營業員、交易顧問、期貨基金經理人以及場內交易員。他們也得替數十種新的期貨合約找出背後的經濟理由。

同時，他們還得想辦法治治傑克·沙維奇。芝加哥的沙維奇先生，是史上首位基於郵件詐騙前科以及股票與債券的永久禁制令，而被判定不宜從事商品期貨買賣的人。商品交易引來了CFTC主席威廉·貝格利所謂的「金融世界最明目張膽、寡廉鮮恥的騙局」，沙維奇先生正是其中一例。

一九七六年五月，CFTC剛在地下室裡安頓下來，就立刻遇上了馬鈴薯危機。紐約商品交易所知會政府，一份緬因州馬鈴薯合約出現了違約狀況。顯然，沒有足夠的紙上馬鈴薯，交割給要買紙上馬鈴薯的人。為了解決問題，CFTC求助於它的法律、調查與經濟幕僚。我不確定律師、調查員、經濟學家是如何挖出更多馬鈴薯的，不過危機面面俱到地解除了，至少要等到隔年，才又出現第二次的紙上馬鈴薯違約。

在針對馬鈴薯短缺問題發出一百七十張傳票、偵訊兩百人之後，CFTC對九位放空炒手、五位做多交易員，以及馬鈴薯交易所本身，採取了法律行動。不料此時咖啡發生狀況，分散了注目焦點。兩位咖啡交易員占了多頭部位的八十二%，全球的紙上咖啡量，不足以供應一九七六年九月的C（咖啡代碼）合約。當現貨短缺，真實世界的人們可以改喝茶，可是在期貨世界裡，無法如此改弦易轍。隨後，巴西出現霜害，哥倫比亞洪水成災，瓜地馬拉發生地震，安哥拉內戰不休，全都合起來密謀對付咖啡合約。於是，一九七七年又接連發生三次紙上咖啡違約事件。

一九七七年，CFTC著手研究避險議題。這或許是一項戰術錯誤。農民普查之後，CFTC發現農民通常不避險——我說過，這是一個麻煩的結果。為彌補錯誤，該研究勉強指出，那些年收成金額超過一萬美元的農民當中，有三成以期貨價格做為市場指標——這讓期貨看起來起碼有點用處。之後，CFTC重新定義避險，區分一般避險與「真正避險」（bonafide hedging）之間的不同。不過我翻來覆去讀了好幾遍，還是搞不懂究竟什麼意思。

一九七六年，CFTC人員追蹤德州商人杭特兄弟（Hunt brothers），因為他們違反了黃豆契約的部位限制。很少人知道，杭特兄弟惹上白銀麻煩之前，也曾在黃豆市場上惹過麻煩（譯註：杭特兄弟於一九七〇年代末開始炒作白銀，曾買進全球白銀供應量的一半，使銀價飆升到天價，隨後政府介入，銀價暴跌，杭特兄弟最後以破產收場）。CFTC迫使杭特兄弟繳交五十萬美元罰款，並且禁止他們買賣黃豆兩年——不過政府當局在尼爾森．杭特的案件上態度趨軟，允許他持續從事真正的避險。也許黃豆事件，正是驅使杭特兄弟轉而炒作白銀的導火線。

一年後，CFTC把注意力轉到倫敦商品選擇權的問題上。顯然，許多名譽掃地、精明圓滑的人，成群湧入了倫敦商品交易所。據這本小冊子所述，其中最惡名昭彰的，要屬一位詹姆士．卡爾先生。卡爾先生顯然在未經正常註冊的情況下出售選擇權，不過真相難以釐清，因為他沒保留任何紀錄。他在波士頓遭到逮捕。五天之後，聯邦調查局宣布卡爾先生根本不姓卡爾，而是一位脫逃的重罪犯，名叫艾倫．亞伯拉罕，他還用過許多其他化名。

一九七八年，首位CFTC主席威廉．貝格利辭去職位。他聲稱在歷經草創階段可以理解的問題之後，如今一切運作順利。

一九七九年，三月小麥出現了老問題。小麥的期貨合約，超過了已知的可交割供貨量。馬鈴薯、可可粉與咖啡豆也發生類似緊急狀況。CFTC再度出馬阻止違法販售選擇權，持續協助舉發玉米、小麥與馬鈴薯市場的不當操縱，並且對咖啡作手提出新的控告。不過一九八〇年的穀物禁賣，引發了罕見的問題。

從那時起，主管單位針對發放營業員與基金經理人執照、查核交易員、監督作手、遏止詐欺、剷除非法鍋爐室（boiler room，指以電話行銷建議選股的詐騙方式）等各層面，展開數度強力執法。在此期間，期貨市場成長了十倍。另外，CFTC也持續審核各種新的期貨與選擇權合約，評估這些商品合約的必要性。

我後來等到了經濟幕僚密莫立先生，但他說，他不記得主管機關曾經否決過哪種商品合約。

由此可見，我們可以預期，市場未來將出現更多新的期貨商品。已獲准交易的，包括那斯達克一百期貨、標準普爾店頭市場個股指數、美元指數、可可粉選擇權、柳橙汁選擇權、歐洲貨幣單位選擇權、日圓選擇權、三月期國庫券選擇權、銅選擇權，以及長期市府公債指數選擇權。接著登場的是國庫券回購、國庫券零息券、歐元債券指數、資訊處理指數、原油指數、標準普爾高科技指數、公用事業指數、富時一百指數、公用事業股票指數、日經指數、紐約商品交易所股票指數、加拿大市場指數、PSE科技指數，以及紐約證交所Beta指數，外加新屋開工期貨、新車零售期貨、五年期的美國國庫券、盈餘指數、期貨價格指數，以及高糖度玉米指數。以上皆由密莫立先生提供。

另外還有海運期貨。或許不用多久，也會出現有關降雨、民主黨初選、尼爾森收視率與醫院占床率的期貨吧！

26 我的道德難題

退出期貨市場之後，我回頭計算迄今為止的投資績效。到了七月中旬，我在林德沃達克的戶頭多了兩百六十五元，另外還有較早以前多虧了克勞福先生的建議，靠股指選擇權賺進的四百多元，這七百一十五元是我至今僅有的獲利。我賣掉一半的埃斯特朗股份，淨賠七百多元，這麼一來，我大致損益兩平。在此同時，我仍持有五十三股吉列，每股市價八十八元——帳面獲利四百五十元。另外還有剩餘的兩千五百股埃斯特朗，如今每股只值八毛五，帳面虧損兩千一百元。整體而言，我倒賠了一千六百五十元。

我寧願強調我在芝加哥期貨市場的正面成果，這個成績雖然微不足道，卻有如奇蹟般驚人。雖然這兩百六十五元獲利，還不夠抵我的旅館帳單，我決定繼續留在芝加哥，尋覓下一個賺錢的大好機會。

正說著，機會就來了。

家裡傳來消息，我老婆的營業員伯曼先生，建議她盡速買進洛茲（Loews）股權。洛茲的老闆勞倫斯・提許（Laurence Tisch）是個投資天才，他正以公司名義低價收購ＣＢＳ電視台的股票。提許先生也施展種種聰明舉動，嘉惠洛茲的股東。當時股價大約六十元，夏末以前肯定會漲到八十元。

我大可以進場買這檔股票，但是身為堅定的短線投資人，如今我只對選擇權感興趣。我問了這裡的消息靈通人士，很高興得知洛茲選擇權，連同其他數百種類似機會，在與期貨交易所後方相連的新大樓裡進行交易。這些是以個股標的的選擇權，有別於我之前根據占星師明牌買進的股指期貨選擇權。

基於我在本書一開頭提過的早年失敗，我個人對個股選擇權避之唯恐不及。可是聽到洛茲的正面消息，加上我又如此接近洛茲選擇權的交易地點，我覺得有義務試它一試。

還有別的原因，引起我渴望趕緊撈一票短線獲利。我老婆即將來芝加哥看我，她在電話中說，我在期貨交易的成功讓她非常興奮。但她有所不知的是，其實在期貨交易之外，我的投資糟糕透頂。我認為大動作投資洛茲，或許能在她抵達之前，讓情勢逆轉。

更要緊的是，她親耳聽到洛茲的消息，我如果不理她，也太不聰明。萬一洛茲大漲，她鐵定會質問，我怎麼會錯失良機。倘若洛茲不漲反跌，我還可以把問題賴到她的營業員身上。

問題是，我發現洛茲基本上是家菸草公司。它的觸角很廣，例如還經營戲院，正如一般的美國大型財團。不過骨子裡，它就是一家菸草公司。幾年以前，我們夫妻倆發過誓，絕不投資菸草公司。她的第一任丈夫，就是因肺癌過世的。

當我透過電話告知她，有關洛茲與菸草之間的關係，她立刻對這檔股票失去了興趣。不過那個時候，反而是我已對洛茲選擇權涉入太深，難以自拔。

投資也有道德選項。

這樣的道德兩難，讓投資變得前所未有的棘手。你找到的投資標的不僅得幫你賺錢，還得不讓你鄙夷。你越深入了解一家企業——它涉入核能或國防合約、不當對待婦女與弱勢族群、資金來源不正，或者賣東西到南非（譯註：南非採取種族隔離政策的年代，國際間對南非施以嚴格的經濟制裁，禁制貿易、投資，直到一九九一年才陸續解除禁令）——你可能越無法忍受跟這家公司有任何牽連。

我曾基於道德考量而錯失多少賺錢良機，已無從想像，先前沒提，是因為這聽起來太自以為是了。這趟旅程中，我曾看準聯合碳化（Union Carbide）的潛力，不過基於對波帕（Bhopal）受害者的尊重，我強迫自己抗拒這檔股票（譯註：一九八四年，聯合碳化公司位於印度波帕市郊的農藥工廠，發生嚴重毒氣外洩事件，造成附近居民生命財產重大損失，堪稱二十世紀最嚴重的化學災害之一）。在此期間，股價往上翻了三倍。我經常把我錯失的這筆獲利，視為我對波帕志業的虛擬貢獻。

此外，出於對南非黑人的同情，我決心不碰ＩＢＭ的股票，因為在我踏上征途之初，ＩＢＭ仍積極活躍於南非。由於ＩＢＭ股價持平，我很高興自己有勇氣抗拒它。之前一位營業員曾推薦菲利浦・摩里斯（Philip Morris，全球最大的菸草公司之一），當時股價六十元，我放棄了獲利一倍的機會——但願菸草受害者也懂得感激。這讓我得到第二十一條祕訣：

股票表現越強勁，必須靠越強的道德觀才能抗拒。

幾世紀以前，根本無所謂「道德投資」這回事。在那些單純的年代，金錢本身就是不道德的，放款收利息更是罪孽深重。即便進入一九二〇年代，股票之間也沒有道德高下之分，因為華爾街本身就是個著名的賊窟，持有股票，不比玩牌賭錢好到哪裡去。那些日子裡，大專院校甚至為了是否接受洛克斐勒家族，或其他黑心工業鉅子的髒錢而產生爭議。不過，他們最後仍無可避免地投下了贊成票。許多人因為羅馬皇帝維斯帕先（Vespasian）回敬給批評他壟斷公廁事業的人一句話，而感到心安理得——「金錢不臭」。

一九三〇年代，社會大眾開始把股票組合視為堪稱體面的資產，這象徵著區分股票道德高下的時代來臨。宗教團體首先跳出來選邊站，某些天主教教區不願投資避孕概念股，新教徒拒絕持有烈酒公司股票，基督科學教派則迴避醫療股。隨後，工會退休基金取法乎上，抵制打壓工會的企業股票。

不過要到了一九七〇年代初，社會大眾才開始在投資時秉持道德良心。當時，老嬉皮、激進派與抗議人士加入了投資大軍，許多繼承了遺產或賺到大錢的人，拒絕支持不道德的企業。他們並未局限於單一道德議題——例如節育或烈酒，而是擁護整體道德意識強烈的企業。這讓我們徹底脫離了「道德」與「投資」彼此扞格不入的黑暗時代。

有些人一旦開始訂定禁區——例如核能發電、香菸、女權或軍事，最後總會一口氣畫出好幾個雷池。由於太多企業被挖出眾多罪證確鑿的負面消息，還有許多企業成了多角化經營的財閥，這種情況之下，實在很難找到一項問心無愧的投資。幾檔共同基金開始專門挑選良心企業，迄今規模最大的三檔分別是：新罕布夏州樸茨茅斯市的「佩克斯世界平衡基金」（Pax World Fund，不碰製酒、菸草、賭博或軍火類股）、華府的「卡維特基金」（Calvert Fund，不碰製酒、菸草、核能、軍火、與南非經濟往來、破壞生態環境或者與工會敵對的企業），以及波士頓的先鋒集團（Pioneer Group，不碰製酒、菸草或南非）。

道德意識強烈的基金經理人，開始提供經過專業遴選、社會篩濾的帳戶。市面上出現社會良心基金，例如卡維特集團的一檔基金，就拒買國庫券，它的資金只在房地美（Freddie Mac）、房利美（Fannie Mae）、小型企業貸款、廢鐵發電、辦公室器具、水力發電、地區銀行與天然瓦斯之間流動。另外還有具備社會良心的投資快訊，包括《乾淨獲利》（*The Clean Yield*）及《良幣》（*Good Money*），兩者都發行自佛蒙特州。

許多以這種有條理的方法投資道德企業的人，也發現自己希望做個有道德的消費者。這種人很快就發現，自己沒有地方可以投資，也沒有東西可以吃喝。比方說，你絕不會看到我買智利葡萄或梅子，我老婆絕不買德國汽車，我的朋友菲爾．史坦福說，有人要他別喝葡萄牙產的酒，不過他不記得背後原因。電影《*Z*》上映以後，我們則發誓絕不再喝茴香酒，不過話說回來，我們壓根兒也沒喝過茴香酒。

於是，我這一路行來雖然亂無章法，卻始終是個道德投資人兼道德消費者。當洛茲啃蝕著我的良心時，我回想之前採訪《乾淨獲利》總編輯黎安．佛萊德，那次訪問原與這趟征途無關，到頭來卻意味深長。

佛萊德先生是個活潑、聰明、滿臉大鬍子的道德偵探，被奉為道德投資業界的白羅探長（Hercule Poirot，克莉絲蒂推理小說中的經典人物），令人又敬又愛。我們在麻州北安普敦共進午餐，他告訴我，他熱愛挖出那些廣受道德投資人歡迎的企業的骯髒內幕。舉例而言，他在一個絕不碰ＩＢＭ股票、有社會良心的投資公司——富蘭克林研究機構（Franklin Research）——發現了ＩＢＭ打字機。

他說他每星期花數小時瀏覽產業雜誌，尋找各種證據。他抓到蓮花公司（Lotus）——一家因為堅決不與軍方打交道而備受推崇的良心企業——間接與軍方做生意；該公司賣商品給增你智（Zenith），後者再轉售軍方。他也逮到另一家受良心投資人歡迎的電腦公司，居然製造可以承受核武攻擊的硬碟——要不是打算賣給希望在第三次大戰期間維持上線的軍事單位，何苦製造這樣的硬碟？

我記得佛萊德先生說過：「不管他們說自己多有道德良心，我都不相信。他們看的也許是奇異（GE）的電視機，而奇異涉足核武；他們也許鼓吹你買索尼（Sony），但是索尼不任用美國勞工。」

除了佛萊德先生，還有誰更適合解答洛茲選擇權的道德問題呢？事實上，我們曾經就選擇權交換過意見。首先，我問他，能否放空不道德股票——換句話說，賭它下跌。佛萊德先生不置可否：「放空一檔股票時，你希望它下跌，藉此懲罰該公司的所作所為，這是可以的。不過話說回來，你也靠著不好的事情獲利。」

我接著問道：如果某一檔股票不道德，是否可以買它的選擇權？他說，沒有什麼不行。選擇權又隔了一層，比股票遠了一步。在這個案例中，這檔股票是家菸草公司，這意味著選擇權離菸草遠了一步。

想起這段對話，我認為自己可以無愧良心地買進洛茲選擇權。這些選擇權就在期貨交易所大樓的後方進行買賣，距離我的旅館，只短短幾條街之遙。

27 與洛茲較量

股票選擇權的集中市場開設於一九七三年，不過，一般小規模的交易，已經有超過百年歷史了。

其中，買權——連同各種認股權證（warrant）以及其他被稱為「認購優先權」（securing privilege）的花招——存在的年代幾乎跟股票一樣悠久，在一八七〇年，買權風行的程度，更勝於集中市場成立以前的一九七〇年。

至於賣權，則是比較晚近的精練商品，即便如此，它的年代至少可以回溯到靠賣權致富的十九世紀大亨——羅素．賽奇（Russell Sage，被譽為現代期權之父）。我忘了在哪讀過，黑心巨賈丹尼爾．德魯在一八七二年，買進五萬股伊利（Erie）賣權，芝加哥大火後，許多賣權獲利豐厚，因為這些賣權所依附的股票隨著火災而一文不名。還記得嗎：當你買進賣權，你要祈禱股票下跌，當你買進買權，則希望股票上漲。

一九二九年大修正後，股票選擇權聲名狼藉，還差點遭到政府禁止。四十年來，這門生意由一派不為人知的賣權買權營業員傳承，直到從「芝加哥期貨交易所」獨立出來的「芝加哥選擇權交易所」（Chicago Board Options Exchange，簡稱CBOE）盛大開幕。

就像許多偉大的創新，這個交易所也是運氣、遠見與巧合之下的產物。首先，敵對的商品交易所，發明了「外幣期貨」來應戰。第二，當時正值寒冬，農業交易場上的交易員無事可做。（這是艾普斯坦先生告訴我的非官方版本，至於官方的說法是：「穀物市場正在尋找新的多元管道。」）

歷經兩年的說服，證管會才批准股票選擇權交易的試行計畫。一九七三年四月二十六日，以十五檔股票為標的的九百十一份買權契約，在期貨交易所大廳旁的小型吸菸休息室裡買賣。我找不到這間吸菸室，這裡實在應該立張牌匾，紀念這個屬於投機客的小鷹鎮（譯註：Kitty Hawk，位於北卡羅萊納州，萊特兄弟首次成功試飛之地，實踐了人類的飛行夢想）。

選擇權放到集中市場交易，激起了熱烈回響，遠超出籌畫單位的預期，數十億美元資金馬上湧入。十年後，CBOE從吸菸室搬進了自己的新大樓，連接在期貨交易所的後方，形狀像個巨大的高樓花房。我造訪當天，CBOE賣出了一百四十檔股票的買權與賣權，至於其他交易所，則把選擇權生意當成一種自衛工具。股票選擇權的成功之後，我稍早提過的股指選擇權、牛隻選擇權、豬腩選擇權，以及我之前買進的活豬選擇權，也跟著應運而生。

小散戶初試多頭價差。

由於林德沃達克不經手股票選擇權，我關掉帳戶，打電話給我那可靠又熟悉的培基營業員，蓋瑞特小姐。我首先告訴她，我人在芝加哥。接著，我用盡可能強而有力的口吻宣布，「我想買洛茲選擇權，股價即將漲到八十。」我的自信似乎讓她刮目相看，儘管我們早已摸清彼此底細。「你是不是聽到什麼有關於洛茲的消息？」她問。我猜我一掛斷電話，她就會致電其他客戶，推薦洛茲。

洛茲當時大約六十五元一股，一份九月七十五元買權，賦予我在九月中到期以前，以七十五元買進一百股股票的權利。大約還有兩個月時間，如果股價上漲至八十元，這份選擇權就值五百元了。

蓋瑞特小姐說，選擇權的現價為一百五十元，我買進十口，總支出為一千六百零五元四毛七。這筆交易之後，我在培基帳戶的剩餘現金，大抵告罄了。

時至今日，我已有足夠常識，知道我也可以賣出我並未持有的股票的選擇權，而收益將立即進入我的紙上帳戶。我曾在玉米市場上做過類似的事，賣出五千蒲式耳給嘉吉公司。賣權的買賣其實也很像，就此案例而言，我要賣的是九月七十元洛茲賣權，也就是說，我賦予某人在九月中以前，隨時以每股七十元的價錢把洛茲股票的權利賣給我。更具體說，這意味著依據蓋瑞特小姐報出的每口賣權單價四百元的價格，賣出十口，就可以立即賺進三千九百九十元三毛三。

這十口賣權的三千九百九十元三毛三進帳，扣掉十口買權的一千六百零五元四毛七支出，我將得到兩千三百八十四元八毛六的美妙暴利，老婆看到對帳單，肯定愛死我了。（照規定，帳戶裡頭必須隨時保持超過賣權價值的資產，蓋瑞特小姐說，當時我的吉列與埃斯特朗股票足以充當擔保。）

買進買權同時賣出賣權，是一種精密複雜的操作手法，蓋瑞特小姐說，這是一種套利型態，稱之為「多頭價差」（bull spread）。也就是說，我居然無意間採取了瑞奇先生的百萬致富手法——一筆投資與另一筆投資相互抵銷——套用在我自己的小小部位上。「如果這麼玩還玩輸它，我就不玩了。」我對蓋瑞特小姐開玩笑，篤定絕不會發生這樣的情況。

建立了我的多頭價差部位後，我透過選擇權交易所的公關室，以及親切的公關主任漢克．諾特納格爾，安排了參觀行程。股票選擇權在交易場中進行買賣，大體跟玉米或黃豆一樣。交易廳的規模堪稱世界第一，廣達四萬五千平方英尺。諾特納格爾先生說，這棟大樓裡的電腦螢幕數量，僅次於美國太空總署。電話機具的總數，足以供應一座中型的美國城市使用。電腦與其他電子設備散發出高熱，足以讓交易廳即便在最冷冽的芝加哥嚴冬，都不必使用暖氣。事實上，這裡一年四季都得開冷氣。

交易場本身倒不比一般電梯寬敞多少，每一個交易場，負責三到四檔股票的選擇權買賣。在洛茲交易場上，我照例看見四、五張娃娃臉，他們站著大聲嚷嚷，買單和賣單則從他們眼前的金屬架上，像發牌一樣地發出。每當選擇權價格往上或往下變動，就會發出一批新的牌，再度引發一陣交易騷動。

訂單自全國各地湧入，許多來自你我這種小散戶。當你指示營業員買進或賣出選擇權，這兒就是交易最終執行的地點。

比起其他在活豬與玉米交易場上的同業，這些交易員似乎更富生機，也許是因為這裡源源不絕的流動性吧。有幾分鐘時間，我盯著一位歐哈瑞先生出了神。他穿著帆船鞋，身上的馬球衫和西裝外套很不搭調。他爽快地交易買權或賣權，顯得意氣風發，甚至驕矜自負。交易暫息的時候，他告訴我，他已經玩了兩年，成績沒話說。「拿著四萬塊本錢的年輕人，還能到哪裡開創自己的事業？了不起開個熱狗攤。」

歐哈瑞先生介紹我認識另一位交易員，東尼．維希，表示維希先生是個「搶帽客」。這話似乎點燃了他們之間的爭議。「我不是搶帽客，」維希先生說，「這陣子，我持端的時間長多了，你又不是不知道。」所謂一「端」(leg)，指的是選擇權價差部位的一方。我請教歐哈瑞先生，洛茲股價未來將呈現怎樣的走勢，他似乎並不清楚，或許根本不在乎。他的哲學很簡單：「買低賣高」。為此，他仰賴一套精密的數學公式，跟紐約的葛雷素先生、活豬選擇權的夸特羅齊小姐，以及更高段的瑞奇先生如出一轍。

我忍不住問他，像我這種業餘玩家，是否可能在選擇權遊戲中擊敗他們？歐哈瑞先生和維希先生縱聲大笑。「不可能，」歐哈瑞先生說，「我們近水樓臺，所有利潤都先進我們手中。」他們把自己視為食腐動物，大啖唾手可得的橫財，只剩骨頭和他們懶得吞下的其他碎屑給競爭對手聞香。「你們這種人，可以端走高風險的玩意兒。」歐哈瑞先生說。事後證明，就我的洛茲而言，這段話一點不假。

洛茲股價突然間劇烈下滑，不但沒有急速竄升到八十元，反而跌剩五十元。股價在一波之內跌了四塊錢，幾乎抹盡我的買權價值。另一方面，我賣出的賣權——最終還得買回——變得越來越昂貴。這一切，都發生在老婆抵達芝加哥的那個星期。

我試著把洛茲拋到腦後，專心逛這棟新藝術建築。想也知道，怎麼可能？當我們回到旅館，看見信箱裡有蓋瑞特小姐的緊急口信時，心更涼了半截，留言的內容是跟「追繳保證金」有關。幸好，老婆沒看到這封信。

我以迅雷不及掩耳的速度揉掉紙片，隨後單獨回到旅館大廳，用公共電話打給蓋瑞特小姐。「你有麻煩了，」她說，「你得軋進更多錢，替你的空頭部位進行擔保。」除了洛茲股價暴跌之外，她的會計部門現在說，我的埃斯特朗股份毫無價值，無法做擔保品。她說她會替我掩護，盡可能拖延時間，我太感激她了，她還強烈暗示，我最好「立刻」補足現金。

我還得招認另一件丟臉的事：我從家用金裡頭，挪用了四千塊錢，沒讓老婆知道。但願她讀到這段的時候，我不在家。我本來有想提醒她，我遲早會還她的，況且，我已經把關掉林德沃達克戶頭結餘的兩千塊錢補進家用金帳戶，等她讀完這本書她就會知道了。

問題是，就在我補進四千元之後，我還是收到緊急口信，得再度追繳保證金。為了逃避這種可怕的噩訊，我以房間太小為理由，建議老婆另外換家旅館。還好我聰明，沒在原本旅館留下新的地址跟電話，所以暫時擺脫了蓋瑞特小姐的奪命粉紅單。接下來兩天，我把麻煩先擺一邊，盡情飽覽芝加哥市區風光，假裝洛茲、股市、培基證券和蓋瑞特小姐全不存在。

最後，我還是撐不下去了。在一波災難性的跌勢、道瓊下滑四十五點後，我從另一個電話亭打給蓋瑞特小姐。「我沒辦法繼續填補資金缺口了。」我說。「那你只好買回賣權，」她冷冷說道，「沒有其他選擇。」

我從未這般萬念俱灰，心如刀割，不過我還是告訴她，該做的就去做吧。買回十口洛茲九月七十元賣權，花了我八千四百二十九元一毛，但最起碼，不必再收到奪魂的追繳保證金通知了。

28 家庭政治氣氛的修正

從芝加哥回到家，我從沒這麼狼狽過。短短幾天內，我為倒楣的洛茲選擇權而填進數千美元，把埃斯特朗的虧損都比了下去。不幸中之大幸是，當我在這無底洞裡越跌越深之際，老婆靠房地產業賺了不少錢，也把孩子們照顧得很好。雖然她被蒙在鼓裡，但我心裡清楚，這樣的自覺，對我們家的權力政治，產生了深遠影響。

帳面上有賺錢的那些日子裡——就我而言，那已經是遙遠的記憶了——我這一家之「投資長」展現出有違本性的慷慨大方，又是買香檳、鼓勵家人逛街血拼、又是帶他們上超出平時預算的餐館。而這些三不五時出現的大手筆，讓那些熟悉我吝嗇本性的人困惑不已。

但隨著帳面利潤蒸發，慷慨大方的日子也跟著結束，報應接踵而至。我不但得承受虧損之苦，還得面對先前堆出來的龐大卡債。真是一種多麼痛的領悟，我退回嚴格的縮衣節食，變得一毛不拔。

比方說，從芝加哥回來以後，我巡視房子，關掉電燈，叨念著電費帳單；我嫌查號台收取一毛五分錢費用，乾脆把電話簿放在飯廳顯眼處；我還要求青春期的女兒，分攤車子的機油費用。

到最後，我甚至會在開冰箱時大吼：「青花菜買太多了」、「我們已經有白米了」或是「蔬果盒裡還有顆生菜擺到爛，幹嘛又買三顆新的？」盤點櫥櫃時，我發現奧里根香料居然有三罐，又發起牢騷：「怎麼搞的，每上一次超市就買一罐新的。」

當你有一天，開始為了香料煩惱，不要懷疑，這就是你投資出了麻煩的徵兆。其他徵兆還有：突然對節省能源產生興趣、懷疑水費或每月的垃圾費用被超收、認為慈善團體太貪婪、強迫子女自掏腰包買郵票——凡此種種，可以用第二十二條祕訣一言以蔽之：

虧損的金額越龐大，就越擔心芝麻綠豆大的花費。

我期望家人可以認真看待我的節約運動，但他們壓根不鳥我，他們早就知道，這八成跟芝加哥發生的事情有關。早在幾個月前，他們就已經看穿，我的情緒會隨股市震盪而起伏，只是我自己沒發覺罷了。他們幾乎可以用我斥責家庭開銷的頻率，來預測道瓊指數。

總之，我在出紕漏之後回家，意志一天比一天消沉。我突然萌生退意，迫不及待想跟市場斷得一乾二淨。七月二十九日，我打電話給蓋瑞特小姐，說我要賣掉全部的投資，包括吉列、埃斯特朗還有剩餘的選擇權，隨便什麼價錢我都不管。

隔天，他們通知我，剩餘的兩千五百股埃斯特朗已經賣掉，結餘兩千一百四十六元九毛一（比起一開始的投資，虧了兩千八百二十四元六毛六）；吉列賣出四千五百三十五元九毛六（獲利三百零八元七毛二）；我也賣掉十口洛茲買權，價值八百九十五元四毛（虧損七百一十元零七分錢）。真是糟糕透頂的一天，前一年十二月投入股市的一萬四千七百元本錢，現在只剩一半左右，也就是七千五百七十七元。

但是，這次賠錢的大清倉，卻讓我莫名其妙地開心起來，甚至比先前在商品投資上賺進兩百六十五元時還要高興。人家說，賠錢難過，賺錢才會開心，但我發現，實際上好像也不盡然。就我個人的經驗而言，只有當股價不再繼續往上飆，我才會因為賣掉股票獲利而開心，但如果賣掉之後股價卻持續走強，我就會因為過早脫手而沮喪，覺得自己很蠢。說實話，賣掉某一檔賠錢股票之後看著它繼續下跌，比看見一檔讓我賺到錢、但在我賣出之後卻繼續走高的股票，更讓我開心，這，正是投資神祕莫測的地方。

「你真該聽聽我們的市場專家賴瑞．瓦契特的說法，」琳達．蓋瑞特在我們賣出的那一天說，「他前所未有的悲觀，聽來，市場即將進入衰退期。」我告訴她，退出市場真令人如釋重負。接著她補了一句：「不過，假使每個人都跟你一樣全部脫手，市場肯定止跌回升。」

最後一句話，過了一陣子就應驗了，距離我退出市場，也不過才兩星期。短線交易（我的新專長）的一個好處是，當你一旦明白自己能在一夕之間賠錢，你就明白自己能在一夕之間賺回來。股價的長期下跌，也許得費時多年才能完成修正，但是選擇權的虧損，也許下一個部位就能彌補回來。

我告訴自己，必須改變策略。在芝加哥時，我同時買進洛茲買權、賣出洛茲賣權。既然這麼做的結果是賠了錢，於是，我決定嘗試新的方法：先「買進價內買權」（in-the-money call），然後用「賣出價外買權」（out-of-the-money call）對沖。至於這到底是什麼意思，我就不費事解釋了，因為就算說得清楚，你還是別知道怎麼玩這種策略為妙。不過你瞧，這會兒我懂得的可真不少，我不再把自己視為業餘的選擇權玩家。

我翻查報紙，想要找出一種可以讓我先「買進價內買權」然後「賣出價外買權」的標的，最好成本在兩百元以下，而報酬可以高於五百元。只要找到這種標的，我絕不可能賠錢，唯一會讓我賠錢的情況，就是當兩份選擇權的履約價格，都變得高於標的股的市價，而這種情況，只有在股價大跌或整個市場陷入空頭，才可能發生。雖然瓦契特先生看壞市場，但絕大多數投資顧問還是很樂觀。今年大體而言，景氣還是會很好，何況，我告訴自己，一旦出現任何風吹草動，顯示景氣即將下滑，我一定會立刻退出市場。

我再度打電話給蓋瑞特小姐，再也不提先前大賠出場的事，她也沒提，我們好像什麼事也沒發生過似的閒話家常。

造化弄人的是，符合我前述條件的選擇權之一，正是先前害我賠錢的洛茲。你可以從我準備買進自己剛剛賣掉的東西，就能看出我對這新方法的信心。我要蓋瑞特小姐替我買進八口洛茲九月六十五買權——花了我三千六百二十一元八毛八，賣掉八口洛茲九月七十買權——得到一千四百零二元四毛一進帳。對於我回頭買進當初害我賠錢的選擇權這樣的古怪行徑，她什麼也沒說。

我也指示她，買進十口百威（Budweiser）九月五十五買權，成本三千五百零九元六毛三；賣出十口百威九月六十買權，進帳八百九十五元四毛。整體而言，這些交易讓我的荷包少掉了四千八百三十三元七毛。

買進新部位幾天後，我去修車子。在修車廠等候之際，我打電話給蓋瑞特小姐詢問最新的行情。當天早上，股市大跌。這真是壞消息，我的兩個價差部位的價內方，雙雙瀕臨跌落價外的邊緣，這，正是我原先設定的退場時機。

「我應該賣掉百威價差，」我告訴蓋瑞特小姐，「市場走向不利於我。」「賣掉百威？」她回問，「你確定嗎？我們覺得百威很好啊。」這是我最後一次接受她的建議。我沒賣，然後百威掛了，洛茲也掛了。細節，就不必多說了，總之我關掉培基帳戶，要求蓋瑞特小姐把結餘款寄給我。一開始的一萬四千九百二十元一毛三的投資本錢，最後只剩三千兩百九十六元五毛六。真是令人心灰意冷的結局，不過，我倒是念念不忘從期貨交易賺到的兩百六十五元獲利。

我死心了嗎？當然沒有。我的下一步，是去找個新的營業員。與其浪費時間物色適合的人選，我決定走進附近的迪斯康證券，這是一家自助式券商，佣金比嘉信還低。

29 尋找預測

經歷了這麼多次挫敗，我試著保持冷靜，分析局勢，我發現了一個自己一直忽略的面向：不論任何一檔股票表現多麼強勁，短線操作人都必須密切注意市場氣氛。當股市上漲時，幾乎所有股票都會水漲船高，但在衰退期間，任何股票都不易逆勢上漲。我頓時領悟，如果要繼續緊抓短線策略，我得把市場整體特性摸得更清楚才行。尤其是選擇權玩家，時機是一切成功關鍵。

預測大盤走向，是另一群專家——預測員——的工作。預測員受大型券商雇用，負責研判利率、股價及整體經濟的未來前景。雖然預測員不見得都是經濟學家，不過全國六萬名經濟學者當中，許多人經常受徵召進行預測。

我很清楚，自己再也經不起重蹈覆轍，於是，我認真在家研究每一個預測員的說法。我在一週之內，把電視上的預測專家全掃過一遍，我聽到有人把股市形容成某種心理疾病（會「迷失方向」），或是美式足球（「沒有被達陣，反而回攻成功」）、胃病（「正在消化近期漲幅」）以及氣象報告（「氣壓越來越低迷」）。專家眾說紛紜，有的說市場出現：「修正」、「盤整」、「強弩之末」、「炒過頭」與「需要休息」，有人則認為，市場有待「整合」、「只是氣氛低迷」、「在等國會最新決策」，或是「跌過頭了」，「不要渲染壞消息」，要「期待下一波反彈」，要「克服恐懼」，「小跌是健康的」。

我像霧裡看花，壓根摸不清這些話的意思，於是把之前堆在臥室角落蒙塵的報表與預測報告拿出來看。這些報告恰好都是出自老婆的券商——德崇證券——的預測員，也幸虧有他，幫我老婆持續表現出色的投資績效。我心想，搞不好藉由複習德崇的預測，可以抓到這些說法的含意，了解預測員的工作方式。

令人費解的券商預測報告。

時間推回我剛踏上這趟征途之初，也就是一九八六年的強勁多頭市場時期。當時德崇給股市下的診斷，顯示市場即將出現震盪，而且看法悲觀。一九八五年十二月，他們沒有預見市場即將出現一波如火如荼的漲勢，相反的，他們擔心經濟將大幅起飛，但也不知道為什麼，他們說這會對股市產生壓抑效果。

德崇的報告中，有許多費解的評論，「繁榮的經濟不利於股市」，就是我在其中發現的第一樁怪事。（我後來得知，股市通常會搶先自己一步，在不景氣時，它會被看好，而當景氣好，它則可能即將出現下跌。）

一九八五年十二月，道瓊指數大約在一千四百五十點，德崇的客戶收到一份報告，再度暗示「降息機率微乎其微」，因為聯儲會不可能繼續放鬆信用。同一份報告還指出，許多人持樂觀態度，這是股市的另一個壞兆頭。

二月二十四日，經過了兩個月，道瓊上漲兩百點之後，新一期德崇報告完全未對這一波強勁漲勢提出解釋，只形容股市「沖昏了頭」。相反的，預測員憂心忡忡，警告客戶「利率即將上揚，外加有些投資人獲利了結」，很可能造成股價下跌壓力。

二、三月間，德崇發出更新報告，標題為「屢創佳績」，其中完全未提前面的種種負面預測。這一回，預測員列舉市場前景樂觀的種種理由，包括「經濟復甦」以及「企業信心良好」等觀察。這些話特別令人費解，因為這些樂觀理由，和三個月前的悲觀理由一模一樣。照原先的說法，這會導致人們獲利了結，但如今不知為什麼，成了會刺激新一波買氣的原因。

三月三日，一份標題為「建設性觀點」的報告指出，最近的債券熱潮，是受到聯儲會降息的激勵，而聯儲會降息，是這些預測員先前篤定絕不會發生的事情。他們稍早預測會發生通貨膨脹，如今改口說「受到嚴密控制」，而且眼前毫無景氣衰退的跡象。道瓊指數因而一舉登上一千六百九十二點。

三月十日，另一篇標題為「整合階段」的報告中，德崇表示：「我們的樂觀理由維持不變。」讀過他一份又一份的報告之後，我還是沒弄懂，他說的到底是哪些理由。

七、八月間，德崇把股價下挫歸咎於「賣壓」，再加上通膨之火即將熄滅，經濟遲滯不前。之前先被認為造成市場上漲，後來又被認定害得市場下跌的經濟衰退，顯然再度導致股價重挫。最近被歸為利空的景氣回溫，如今則被視為利多消息。到了八、九月，德崇快訊的立場再度大翻轉：經濟復甦被視為利空，低通膨的蕭條經濟再度成為利多。

然後在九月二十九日，一份標題為「建立信心」的報告則說，股價會上漲，是因為先前不列入考慮因素的「廣泛的通膨憂慮」，如今「略微改善」。然而接著在十月六日發出以「竭盡全力」為題的報告中，混亂的經濟以及隨之而來的低通膨，聯手造成了股價下滑壓力。

也許，我根本不該一口氣回顧這些報告，這讓我得到第二十三條祕訣：

預測員萬萬不可回顧過去。

德崇報告中反反覆覆的說法，著實讓我瞠目結舌。但我起碼弄懂了一點：經濟景氣對股市有利，經濟衰退則不利於股市，反之亦然。此外，較低的原油價格，是股市的好消息，直到較高的原油價格成為利多因素為止。由於股市對於已知的消息早已「提前反應」，而且對於未知因素也已心裡有數，想得太遠其實無濟於事。況且，當前局勢瞬息萬變，分析市場似乎也徒勞無功。當你收到券商最新一期的預測報告，發現他們預言了一整年的「通縮」，一夕之間變成「通膨」時，別忘了這一點。預測不是一件簡單的事，否則券商不會為此配置那麼多的人力與電腦。

在閱讀這些預測報告造成的疑惑與混淆中，我想起了亨利．考夫曼（Henry Kaufman）。如果要預測經濟前景，何不直接問問這位常登上《紐約時報》頭版、左右著全球股市的經濟預測泰斗兼所羅門兄弟的著名發言人呢？與其繼續跟二手資訊打混仗，我決定花點錢再度遠赴紐約。在那裡，我可以面見考夫曼先生，直接聽到他對短線的預測，然後我就可以孤注一擲，把我僅剩的資金投注於精心挑選的買權或賣權，這樣，我失去的一切就可以彌補回來了。

占星師的神機妙算。

我回到朋友的紐約公寓，準備聯絡考夫曼先生，就在此時，我無意間瞥見了雜誌上一則令人吃驚的報導：「占星師預測，下挫八十八點。」文中提到的，是那位三月間與我在薩克咖啡館碰面的占星師克勞福先生，顯然，最近逼得我拋售選擇權、關掉培基帳戶、少掉四千元資產的大幅修正，早在他的神機妙算之中。

很多人會說：你不能拿亨利．考夫曼跟阿爾區．克勞福相提並論。考夫曼先生是所羅門兄弟的首席經濟學家，他的意見，依我看至少讓他每年進帳一百萬美元，外加保險福利。至於克勞福先生，我知道得很清楚，收入遠遠難望考夫曼先生之項背。在我著手聯絡採訪考夫曼先生之前，我想我應該先聽聽克勞福先生的意見。我在看了雜誌之後，立刻撥了電話給他。

文中最令我印象深刻的地方是：克勞福先生的意見非常明確。我追蹤的其他預測員，總是試圖含糊其詞，用些像是「傾向」、「可能情節」以及「鑒於情勢」等字眼；不過克勞福先生不僅指出市場下跌的確切星期，還明確預測了下跌幅度。

他答應在他最喜歡的咖啡館跟我碰面，可是卻失約了。我再度打電話給他，他說是我搞錯日期了。我堅稱是他搞錯日期，占星師搞錯日期，實在是滿離譜的事情。總之，我們重新約了時間。

他穿著同一套藍襯衫和燈芯絨褲現身，戴著同一副眼鏡，同樣的紅頭髮與白皙皮膚，同樣狀似一位阮囊羞澀的教授正在度長假，同樣點了一杯沒有咖啡因的花草茶。

我首先稱頌他精準的預測，說我早知道他的預測就好了。他說我確實早該知道，因為自從上次碰面之後，他便開始寄送他的快訊《克勞福觀點》給我。那是一份兩頁的油印報紙，我顯然連同其他垃圾郵件一起扔了。

「資料實在太多了，」我致歉，「可能不小心把你的快訊搞丟了。」他的預測一直近在眼前，我卻視而不見，這真是悲哀的領悟。為了安慰我，他表示要跑回他的公寓兼辦公室，找一份給我。我說要陪他去，順便看看他的工作地點。跟上次一樣，他拒絕了，堅稱房間還是亂七八糟。幾分鐘後，克勞福先生回來，手上拿著一九八六年八月三十日發刊、在灰撲撲的紙上打字油印的快訊，標題寫著：

本週短線出清！

長線仍舊可為！

在標題底下的內文，描述危險的「大量湧進形成頂點」以及大盤的疲軟。「散戶受到唬弄，相信修正幅度有限，」他說。「他們無疑將一路跌一路追。」這還只是開始，照星象學來看，星期三深夜新月升起，太陽在五日星期五與水星連成一線，而木星則在六日星期六與天王星呈現直角，兩個可怕的行星方位，將在八日星期一與十號、十一號的星期三與星期四形成。以下是克勞福先生的明確建議：

波段頂點預計出現在九月三日到十一日之間，四日與八日之間將呈現下滑現象，在此危險時期出盡多頭部位，轉為空頭部位。接下來幾週切勿持股，我們預見九月間，將出現單日重挫百點……來週期望見到最後一波買壓，推上新高點，我們將出脫所有持股，為即將來臨的險峻寒冬做準備。請小心！

他預測下滑百點，實際跌幅則為八十八點。即便如此，還是很厲害，他在六個月內起碼做了兩次正確預測。除了快訊之外，他還帶來一份類似大事記的圖表，上頭顯示他從一九七七年以降的傑出紀錄。他再度提醒我，可以打電話給著名的華爾街記者丹・杜夫曼，就知道他所言不假。

我真的很想請克勞福先生進行下一次預測，但是我克制了這股衝動。因為不論他提出什麼建議，我八成會照做不誤，這趟大老遠跑來，是為了親炙擁有廣大信眾且備受尊崇的預測泰斗考夫曼先生，倘若這時為了什麼占星預言而貿然進場，那就太傻了。我告訴克勞福先生，我打算採訪這位偉大的經濟學家，占星師回答：「噢，你說亨利啊，一九八二年，我在他提出買進訊號的三天之前，搶先一步做了同樣預測。」

什麼備受尊崇的預測泰斗？不準不準啦。

考夫曼先生不像克勞福先生這麼好找，他好像是住在曼哈頓，但我無法肯定。他家的電話號碼沒有登記，而克勞福先生說他從未在薩克咖啡館中遇過亨利。

我打電話到所羅門兄弟找考夫曼先生，電話被轉接到一位公關人員。能找到這位布洛菲先生，就算幸運了。在我說我已經了解考夫曼先生的偉大事蹟後，布洛菲先生表示我有機會進行採訪，不過在我提出正式申請前，不妨先讀讀考夫曼先生的演講錄。他把好幾份講稿集結成冊，最早可追溯至一九八一年。

這份講稿集會放在「亞當與萊恩哈特公關公司」（Adams and Rinehart）等我去拿。這家公司代表布洛菲先生，而布洛菲先生則代表考夫曼先生。快速瀏覽這份資料之際，我不禁好奇，在一九八六年八月三十日，克勞福先生說該賣出的那一天，考夫曼先生說了些什麼。時間點最接近的演說，是在之前兩天，考夫曼先生在懷俄明州傑克遜鎮，在聯儲會會議上發表的言論。演說中，考夫曼先生做了幾項保守評論，例如美國赤字沒有舒緩跡象、領導人面臨困境、財政系統需要重新定義等等，但壓根沒看見克勞福先生所說的——因為太陽與水星連線、木星與天王星成九十度直角——應該出清所有持股的立即危險。

接著，我從小冊中最早的演說（一九八一年四月二十二日）開始看起。除了那些什麼「週期性模式」之類的籠統說詞之外，我倒是看到一條具體的預測，考夫曼先生堅信：利率將持續攀升。「我有十足把握，利率，將比各到期商品的當前利率水準高出許多。」他就是這麼說的。

但後來我去查了一下，發現考夫曼先生演說當時，長期債券的利率逼近二十%，接著，利率開始逐步下滑。我無意冒犯，但考夫曼先生顯然錯了。

預測員難免出錯，考夫曼先生的名聲這麼響亮，我假設他預測正確的時候居多。遺憾的是，他正確預測利率的那場一九八二年演講，並未收錄在這份集子中。我拿到的資料裡，他在一九八四年二月，於紐約金融展望會議中發表的演說內容，跟前面提到的一九八一年四月的那次錯誤預測，完全背道而馳。在那次演講中，他預測「短期與長期利率將同步上升」，接著在一九八四年五月四日，他告訴一群德州銀行家，利率將「大幅攀升」，並且提出警告，聯儲會很快將「被迫回應急遽的通貨膨脹」。

才怪。我們如今知道，結果利率未升反降，也沒有出現急遽的通貨膨脹，聯儲會並不需要運用貨幣緊縮政策來宣示權力；事實上，情況恰恰相反。利率除了在年中出現小幅上升，大體走的是下降趨勢。正當考夫曼先生對德州銀行家言之鑿鑿之際，長期債券觸頂回檔，報酬率開始下滑。

一九八四年十月，考夫曼先生在紐約希爾頓飯店舉辦的年度債券會議中，發表了另一場演說。他並未提起自己沒料到債券的回檔，以及誤判了利率自那年夏天以後的走勢，不過，他仔仔細細解釋了這些事件發生的原因，他把這套解釋稱為「從週期性觀點看利率」。最後，他再度提出警告，較低的利率只是短暫的「插曲」，利率勢必走升。

當然，事後諸葛很容易。我們現在也都知道了，一九八五年帶來了更低的利率、蕭條的經濟，以及數量超乎任何人想像的企業購併案。不幸的是，考夫曼先生還是堅持原本說法，一九八五年五月二十二日，他在紐奧良發表的演說，再度預言利率即將觸底反彈，經濟就要出現復甦。那年夏天，他告訴蘇黎世的美國瑞士商會，債券已過了黃金時期，聯儲會很快將緊縮貨幣供應，提高利率。

就我們所知，聯儲會在一九八六年的動作，基本上跟他的預測完全相反，債券持續上漲，利率下滑。同年九月，市場瀰漫樂觀氣氛，考夫曼先生發表演說，分析造成戰後以來歷時最長、影響最遠的降息時期的六大因素。同樣的，他隻字不提自己誤判過去三、四年的局勢，以及誤判的原因。他最後說道，我們無從得知蓬勃經濟成長的背後因素，債券也將持續看漲。語氣之堅定，彷彿這是他向來秉持的看法。

仔細研究講稿之後，我還真想知道，為什麼在克勞福先生宣稱自己預測正確的每個時間點，考夫曼先生都做了錯誤判斷。我打給布洛菲先生，希望能採訪他老闆。布洛菲先生說，考夫曼先生公務繁忙，演講排得滿滿的。我試著想像其中原因，然後才想起來，我不也是大老遠跑來聆聽考夫曼先生開金口？布洛菲先生建議我，過兩天再試試看。

後來，我再度打電話去，這回布洛菲先生問我，是否讀過考夫曼先生的書。我壓根不知道他還寫過書，但我含蓄地回答說，我還沒時間去買來看。布洛菲先生說，這本書也許能回答我的大部分問題，所以我應該先看書，免得浪費考夫曼先生的時間。

布洛菲先生很周到，當天就派快遞送了一本過來。書名叫做《利率、市場與新金融世界》（*Interest Rates, the Markets, and the New Financial World*），我躺在床上，通宵把它看完。書中針對我國的政府赤字問題與信用問題，提出了精闢分析，不過我略過這些章節，直接跳到他的預測。這本書裡，詳盡描述了考夫曼先生的三次正確預測——全都發生在一九八二年以前，但對於我盼望他加以解釋的一連串誤判，卻隻字未提。

隔天一大早，我致電布洛菲先生，說書我看完了，不過仍有些問題。他替我安排透過電話採訪考夫曼先生，算是仁至義盡了。

在電話裡，考夫曼先生的聲音很好聽，不過有點古板。我採用迂迴策略，先問他所羅門兄弟的預測部門有多少人，他回答說，提出專業意見的有三百五十人，不過最後的判斷——也就是到底利率會上升或下降——仍操之在他。

我小心翼翼地追問，這些最後判斷的整體準確度如何。考夫曼先生立刻把話鋒，轉到他正確預測的一九八二年八月重大轉折，他也記得自己在一九八三年五月「準確預測多頭市場」。當我問到一九八四到八六年，他坦承出了一些狀況。我快速記下這些話：「我沒預見經濟趨緩」、「我以為景氣會回溫」、「我後來才發現，這並非典型的週期性模式」、「跳躍式發展因子」以及「金融體系日新月異」。他要我想像一下，站在馬路上，猜測轉角處下一秒會冒出什麼東西，這是何等困難的一件事。

他證實自己仍率領所羅門兄弟的研究單位，他的預測也仍存在著很大的需求，換句話說，他的名聲並未受損。他說，他最近之所以辭去所羅門兄弟副董事長一職，與錯誤預測無關。那是因為內部對垃圾債券出現價值上的爭議，因而導致管理上的變動。

我無意侮蔑一位才智過人、備受景仰的經濟學家。就在一連串誤判之後，考夫曼先生還是擁有廣大追隨者與高薪，這只證明了預測確實是椿艱巨的工作，時有所聞的錯誤，顯然受到眾人容忍。

我也從資料中發現，他很少在同一座城市，或對同一群聽眾演說兩次。我在想，這是別有用心的政策，不過如果換做是我，恐怕也會這樣做。

就讓考夫曼先生去預測一九八七年長期利率會進一步下降、經濟會持續惡化、聯儲會繼續紓困、通貨膨脹風險不高吧！也許，我可以來玩玩反向操作策略——放空考夫曼先生。顯然，我其實反而比較相信占星師。雖然很難相信，但是鐵證如山：首屈一指的華爾街公司的三百五十名助手與資源，竟會製造出如此徹底的誤判，就算用占星或擲飛鏢來預測，都未必會錯得這麼離譜。我之所以要指出這點，並不是要指責上述任何一位預測員無能，而是要讓大家明白，預測在本質上有多麼徒勞無功。

我打了個電話給杜夫曼先生，想要向他求證，克勞福先生是不是個能預測市場走向的天才，但是，杜夫曼先生顯然已經沒那麼重視這位占星師了。「他曾經有過驚人預測，」這名華爾街記者說道，「我在專欄中對他讚譽有加。但是在那之後，我發現他的意見反覆無常，而且越來越糟。」

就算是這樣吧，我仍然認為克勞福先生比考夫曼先生更靈。於是我打了通電話給他，想請他提供最新的占星預測。但是克勞福先生好像沒了靈感，「倘若接下來兩天市場下跌，我會提出買進訊號，」他說，「有效期二至三週。倘若市場走強，我會發出短期買進訊號。不過假使基礎更健全，我會建議連續買進。」

聽到這裡，我只能無奈地雙手一攤，啟程追尋伊凡·波斯基（Ivan Boesky）。

30 我的內線消息

對於判斷市場走勢，我已經毫無信心，短線預測也連帶變成不可能的任務，這一趟紐約之行，搞不好只是又一次浪擲時間與金錢。要不是實在走投無路，我絕不會想去求助於波斯基先生——但願我有一天也能像這位投資大師一樣。在我賠錢的這段時間，波斯基先生被每一個人奉為所向無敵的選股專家，從《華爾街週訊》（*Wall Street Week*，美國公共電視台的節目）到我的丈母娘。丈母娘是這麼說的，「如果你打算寫股票，當然要找一個成功的行家來談談啊。」這段話的效果，聽起來就等於在說：「就在你慘賠一萬美金的時候，波斯基賺進了四億美金。」

波斯基先生隸屬於一群被稱為風險套利者的投資菁英。這些人買進顯然成為購併對象的企業股票，因為購併行動往往造成股價暴漲，不論當時市場環境如何。有時候，風險套利者自己揚言購併企業，導致經營團隊推出會讓股價進一步攀升的防禦措施。這就是消息靈通的選擇權玩家可以在短時間獲取暴利，不必為市場預測煩心的原因。

我透過姊夫，取得接近波斯基先生的機會。姊夫替一家紐約餐館工作，這家餐館賣大量魚子醬和鮭魚給波斯基先生。假如你跟波斯基先生一樣成功，也可以這麼大手筆。我告訴姊夫，我想採訪波斯基先生，談談股市歷史。當然啦，這只是個幌子，我真正想聽的，是哪家企業即將被購併的內幕消息，或是其他能讓我趕快賺一筆的明牌。

那是在波斯基先生涉嫌內線交易被捕且認罪之前沒多久。他惹上官司以前，人們都以為波斯基先生所提供的消息，跟其他人的消息一樣正當——但卻更有價值。

「你最好在早上見他，」我的姊夫建議，「我聽說他開一輛休旅車從威徹斯特入城，車頂加裝了小耳朵，還沒過橋進曼哈頓，就已經買了價值好幾百萬的股票。」姊夫撥了電話給波斯基先生，但波斯基先生沒有回覆。姊夫說，這很不尋常。

我前往波斯基先生位於第五大道的辦公大樓，打算親自堵人，可惜電梯裡有警衛站崗。於是我只好到地下室尋寶，看看能否到他的垃圾中淘金，找到能透露他動向的廢紙，可是，我找不到地下室，整條街都看不到任何類似垃圾桶的東西。在這昂貴的紐約黃金地段，垃圾好像會自動消失。

既然無緣見到波斯基先生，想檢查他丟出來的垃圾也沒進展，我只好退而求其次，去找他的競爭對手。他們也是所謂的「風險套利者」，替一家要求不得洩漏名字的體面企業工作。我替這家公司掰了個假名：ZB特勞曼。

要進入ZB特勞曼的辦公室並不容易；這些跟波斯基先生較勁的風險套利者，就是在這裡進行交易的。我首先得輾轉聯絡一位朋友的朋友，他是一位呼風喚雨的華爾街分析師，是ZB特勞曼內部當前的地下教父。很遺憾，他只願意談金融市場的問題，我想聽可以賺錢的明牌，他卻只顧著哀嘆華爾街的道德淪喪。他懷念當年人們長期持股、「投資」而非「投機」的美好年代。一言以蔽之，他描繪的是一幅陰鬱的畫面。我記下的話包括「所有事情都待價而沽」、「盜賊不講道義」、「急功近利」，以及「人人想挖內線消息」。對我而言，最駭人聽聞的，要屬他的「總是有比你更笨的傻瓜」理論。

「說到底就是這麼一回事，」我的來源說道，「人們買股票並非因為對企業有信心，而是因為相信還有某個更大的笨蛋願意付更高價格買進。大笨蛋以往是散戶，如今則變成了投資組合經理人本人。在法人控制市場的情況下，誰將賣給誰？大型法人成了自己跟自己鬥的大笨蛋。」

我試著若有所悟地點頭，同時張開雙耳，聽聽是否出現任何隻字片語，可以做為我短線炒作的線索。唯一有用的資訊，是我偷聽到這位地下教父的朋友打電話來推薦Centronics電腦公司（Centronics Data Computer）。我對Centronics電腦公司的選擇權興趣缺缺，因為我有它的一台印表機，表現不盡理想。

這番令人喪氣的談話之後，我商請這位新朋友介紹幾位套利者，他帶我去幾名程式交易員（program trader）工作的辦公室。這些人買進一籃子股票，同時賣出相對應的股指期貨；或者買入股指期貨，賣出相對應的一籃子股票，榨取其中價差，正如瑞奇先生在債券或商品市場的做法。數百萬美元湧進程式交易，電腦主宰決策。由於我沒有數百萬美元，程式交易對我而言只是紙上談兵，我告訴這位老兄，拜訪那些投資於購併案的「風險套利者」對我來說比較實際。

接著，我終於見到了風險套利部門主管——姑且稱他為歐頓。我發現歐頓聰明而神經質，他說他原本是個場內交易員，直到他「實在厭倦了那些小數點」。

這表示對他而言，蠅頭小利已失去刺激感，在華爾街，有這種症狀的人不是邁向退休，而是更上層樓。歐頓一舉登上ZB特勞曼風險套利經理人，掌管價值四億美元的投資組合。

我尾隨歐頓進入交易區，映入眼簾的是天花板上的英國國旗、五座時鐘，以及由兩男兩女操作的一整排電腦。我仔細聽，可是卻沒有人提到任何一檔股票。歐頓接著帶我進入一間毗連著交易廳的玻璃隔絕室，這讓我想起婦產科醫院裡的準父親休息室。從玻璃的這一面，我聽不到風險套利者的任何一句話，不過我試著讀唇語。

房間一角，有張狀似棒球手套的懶人椅。眼前的桌上擺著歐頓及其手下目前投資的各檔股票的電腦列印。我想一窺堂奧，不過我覺得偷窺未免太失禮了。潛在的獲利機會就堆在眼前，與我的指尖只有幾吋之遙。當歐頓接電話時，我就眼睜睜地盯著這疊資料。

「我媽打來的，」他掛上電話時說，「她跟我要明牌，說她想進場，我給了她明牌，結果股價才跌了幾點，她就打電話來抱怨。這算什麼?操她的。」他一邊嘟噥，一邊狂繞圈子，猛嚼口香糖。

我問歐頓，他是否會跟別的套利者交換意見，尤其是波斯基先生。「我們會互通有無，」他說，「我們當然會互通有無。拿維康集團（Viacom）來說，我會打電話給某些傢伙，打聽是誰在買這檔股票。我也會打電話給高盛的人，他也許會告訴我，也許不告訴我到底是誰在買。或者，我也可以問某個場內交易員。絕大多數公司，用的是同一群場內交易員，誰也別想唬爛誰。

「又比如CBS。剛剛一個跟我一起吃飯的傢伙說，這檔股票一年內會上看一百八十元。現在是多少？一百二十五元。你三不五時會聽到這類小道消息，問題是，這些話值不值錢？

「你有時候也可能挖出某個案子的內幕——波斯基就是這麼做的。有時候，他買股票的目的，只為了讓別人以為他看好這檔股票，然後他會悄悄透過另一家券商賣出股票，結果大家買的都是他手上的持股。我不直接跟波斯基打聽，也不跟波斯基的人馬直接打聽，根本辦不到，他們似乎非常排外。」

這時，我聽到牆外有人高喊「31⅝」，歐頓聞聲而起，跟我道別後，拿著電腦列表走出去。他找了個人——我管他叫葛萊姆——來跟我繼續聊。葛萊姆劈頭告訴我一個案例，說明風險套利何以太過微妙與複雜，並非業餘玩家應付得來的。

故事很長，是關於一檔叫做克雷頓（Anderson Clayton）的股票。這家公司最近正在「進行中」（in play），意思是套利者有興趣的對象。克雷頓的家族股東有意賣出，導致公司出現內訌，各家派系爭著搶奪控制權，使得這檔股票成了風險套利者的絕佳目標。對ZB特勞曼而言，買進股票是最基本的動作。他們還委任律師控告競爭對手、聘請估價師計算股票價值、分析交易模式、蒐集種種八卦情報，使出渾身解數之後，還是摸不清實際情況。但經過這麼多的努力，也為他們帶來了每股九元的利潤——他們在五十六元價位買進，在六十五元價位賣出。

葛萊姆的重點是，你不能指望買進股票，然後等著股價上漲。你得介入其中運作，然而即便如此，也無法打包票賺錢。

葛萊姆說完故事後，他的一個同事探頭進來說，他剛下飛機，在機上聽見鄰座的女士告訴別人，假日飯店即將遭到購併。他剛剛查了Quotron，果不其然，假日飯店漲了六點。這則消息在交易櫃檯引起了大騷動，葛萊姆立刻結束我們的對話，送我出門。

照理說，葛萊姆的說明應足以讓我相信，風險套利有多麼錯綜複雜，但是，假日飯店事件卻讓他的說法破了功。我發現，這些消息靈通的專業人士，同樣在打聽你我可能在飛機上偷聽到的八卦，連反應也跟你我一樣。

從假日飯店八卦消息掀起的歡騰騷動，我敢說，ZB特勞曼會大買這檔股票。我想要趕快離開，回去把我剩餘的錢全數投入假日飯店選擇權。但離開前我先繞到ZB特勞曼大廳旁的廁所，在那裡，我聽到兩位衣冠楚楚的員工討論著「Bally購併案」。對我而言，廁所內的小道消息，絕對比正常辦公室採訪得到的資訊更有價值，這讓我頓時失去了投資假日飯店的興趣，決定轉而投資Bally。我打電話給我的新折扣券商，買進十口Bally五月22 ½買權，總共花了我兩千四百二十六元四毛四，我的資本現在只剩八百元現金了。

31 走火入魔的街

緊接著，我就聽說波斯基先生因涉嫌內線交易，非法獲利數百萬美元而遭逮捕的消息。在中國牆這一邊的人，顯然洩漏消息給中國牆另一邊的人，而波斯基先生就是最大的受益者。由於預先得知各種勢必讓股價竄升的購併與交易案件，波斯基先生的獲利，得來全不費工夫。

我終於明白他為什麼不回電話給我，他已經被證管會盯上。還好，否則他們一定會監聽到我對他說：「報張明牌吧，什麼都好，讓我大賺一票吧。」這時，我的丈母娘改口了：「還好你沒去招惹那個笨蛋。」

原本渴望見到波斯基先生的人，現在爭相走避，他成了過街老鼠，整條華爾街被搞得沸沸揚揚。這件事讓我不安起來：我從廁所聽到Bally案的內線消息，會不會有事？

我決定先下手為強，於是打電話給紐約的證管會辦公室。電話被轉接給法律諮詢部門的安東尼先生，我之前曾經請教過他，能不能在我家車庫拍賣股票，我猜他應該不記得了。這一回，我沒說太多，只是含糊地問他，根據在公共場合聽到的八卦消息買賣股票，算不算「內線交易」。出乎意料之外，他說，所謂內線交易，並沒有明確的定義。

「就像一句老話，是不是色情，看到的人都能判斷；是不是內線交易，只要被你看到，你也會知道。」他說。

我還是不確定，我所看到的是不是內線交易，於是，回頭找我的新朋友——風險套利者歐頓——問問。波斯基事件仍餘波盪漾，歐頓噤若寒蟬，推說自己感冒了，不方便跟我談。在一陣陣咳嗽之間，他說從波斯基遭起訴的那天起，整個投資業已徹底轉型。「遊戲結束了，」歐頓說，「重新洗牌，彷彿回到一九七〇年代，人們不再彼此交談。」

歐頓表示，在波斯基案件的波及之下，購併股出現下跌，他服務的ZB特勞曼，一週之內虧損了全年獲利的三分之一。只是，倒楣的不只是他們，「很多公司把一整年所賺的，全都吐了出來。」他說。

「回頭想想，這條街已經走火入魔了，」他說，「這是我的真心話，我在這一行長大，但就連我也沒察覺購併部門跟某些套利者走得那麼近。盜賊是不講道義的，這一行充斥著基於各種理由而被豬油蒙了心的人。

「波斯基案爆發當天，鐘擺從最右端急盪到最左端，人們一下子回歸古老做法。未來，將會有裁員潮、會有很多官司，交易量與財富都會大幅縮水。先前，你可以隨便傳胡亂聽來的股票八卦，現在，就算是好朋友我也不能說。」

「那麼Bally呢？」我壓低聲音，「Bally有什麼風聲？Bally的八卦消息會讓人惹上麻煩嗎？」

「你是指唐納．川普（Donald Trump）的購併動作？」他笑道，「那個老掉牙的消息？川普去年曾覬覦過Bally，而且志在必得，你一定是從報上看到了這則新聞。不過最近有些官司待解決，傳聞川普其實準備甩了Bally，那不是我們看好的交易。」

天啊！我根據內線消息買了Bally選擇權，而這則內線，原來是個過時且眾所周知的舊聞。而我，卻在購併者準備退場的時候進場。

在我下筆的此刻，Bally選擇權仍然有效，還有兩個月才到期，所以一切仍在未定之數。目前股價為二十元，倘若漲到四十元，我就可以賺一倍；萬一事與願違，這趟幾個月的旅程，就會幾乎賠光了我一開始投入的一萬四千元（頂多差個幾百塊），還不包括機票、計程車、吃飯與其他費用。

我從紐約回家，準備招認自己真的沒有投資天分，更別提囊空如洗了。我本來還指望能跟橋水證券公司的專家——詹瑞特女士共進晚餐，請她指點債券市場一二。可是當我打電話過去，公司的人說，詹瑞特小姐已經離職，沒留下轉信地址。如今，我對預測員再也沒信心（除了克勞福先生），也不再信任大多數證券營業員。

這陣子，在隨著這些分析師、市場顧問、投資組合經理人與場內交易員起舞之後，我只能對那些想在股市中賺錢的人搖頭。要在這兒賺錢，比起我來，你若非真的很行，就是完全無知。

我要說的是，當我在金融市場流浪的這幾個月裡，我老婆的投資在德崇證券理查·伯曼的指引下持續表現強勁。她的獲利彌補了我的損失，我算過，我們兩個加起來，這一年大抵打平，不賺不賠。這，是我至今還沒被轟出家門的原因之一。

這讓我想起，我原有的存款帳戶與中央信託儲貸。回顧過去，要是打一開始就把錢放在銀行，如今也能孳生一千兩百塊錢的利息了。想來真不是滋味，其實，只要把利息加上原先的本錢，我的荷包裡就會有一萬五千兩百元的財富，這麼大的金額，不正是一般散戶夢想中的獲利嗎？如果你，因為錯過了強勁的多頭市場而覺得自己很蠢，請記住我的流浪記，以及我的第二十四條祕訣：

想想你可能失去的財富，你得承認，你已經很富有了。

後記

一九八七年黑色星期一

一九八七年十月十九日，道瓊指數出現史上最慘烈的跌幅，單日暴跌五百零八點，把我老婆在德崇那裡賺到的每一分錢全部賠光，也使得我跟她的投資績效打成平手。

誰能料到，在十六號星期五跟十九號星期一之間，這個世界會一下子少掉了一兆美元？又有誰能料到，群眾會在共同基金業者門前聚集？

星期五當天，我沒特別留意市場，可是到了晚上，老婆告訴我，她從收音機上聽到股市重挫一百點。這則新聞令我們憂心忡忡，因為我們剛跟一位在一個月前退出市場的有錢朋友共度一晚。世界上最糟糕的事，莫過於在剛剛又變得更有錢的朋友的百萬豪宅裡，聽到不好的財經消息。

那是個緊張不安的週末，電話線路忙個不停，人們互相安慰，保證最惡劣的狀況已經過去。

星期一那天，不祥的第六感，促使我前往湯姆遜麥金倫證券公司，許多老人家在那裡望著頭頂上的報價機打發時間。開盤還不到一小時，已經傳來令人震驚的消息：道瓊指數又下挫了一百點左右，很多股票根本沒人要買。沉重的賣壓超出了正常交易程序可以負荷的程度，平時聒噪不休的退休族，如今呆若木雞地坐著。

我決定回家看看財經新聞網怎麼說。到了中午，市場下跌了兩百五十點。跟一九二九年那次崩盤比起來，這次有一個很大的不同點——你可以在自己的臥房裡看著災難發生。

財經新聞播報員（其中許多人被我視為遙遠卻重要的投資盟友）兩眼發直，情緒似乎很不穩定。就在他們不知所云胡言亂語的時候，老婆問我，她該怎麼辦。她居然會開口向我求教，再一次證明，散戶已陷入全然的恐慌。

我注意到，至少電視上的股價行情表，看起來不算太糟。就在這時，一名播報員提到報價表晚了兩個鐘頭，無法反映即時市價。無論如何，我還是癱在床上繼續看，中間一度衝向冰箱拿了瓶啤酒，平常我是不喝的。

大約一個鐘頭後，我坐上車，回到湯姆遜麥金倫。這時，市場已跌了三百五十點，不過觀眾似乎開心了一點。跌兩百點時叫苦連天，跌三百五十點卻振作起來，可見跌幅的慘烈，讓他們已經從震驚變得神智不清。

我們開始逢人就描述狀況有多悽慘，苦中作樂，尤其是對那些才剛進門落坐的人。「你知道情況有多糟嗎？你到底知不知道情況有多糟？三百五十點耶。」沒多久，這個剛到的人又高高興興地把消息傳遞給下一個剛到的人。

我再度回家，把最後幾小時拿來看電視——不是看財經新聞，而是益智遊戲節目——一邊直接拿著瓶子，猛灌邁爾斯蘭姆酒。股市重挫五百零八點的那個晚上，我們接到來自全國各地的關心電話，就跟颶風警報登上全國新聞那時候一樣。父親提醒我，爺爺因為大量融資，在一九二九年那個致命的十月天，從百萬富翁變成了貧民。我的朋友要我就事態發展指點一二，而我照例一一回答，彷彿我知道答案似的。我猜，那些被迫提出解答的新聞主播，一定跟我一樣感到荒謬無稽。

一位好幾個月前出場的有錢朋友打電話說，她其他還來不及出場的有錢朋友準備留在場上，傻瓜才會在這樣的恐慌時刻匆忙抛售。

從深夜到清晨，我們坐看全球各地一則又一則報導市場崩盤的消息，直到我們確信是該認賠殺出，以保護老婆任何一點剩餘資產的時候了。到了早上，老婆出清她的所有股票——當然，價格接近谷底。隔天的報紙，氾濫著道德說教，解釋這次大崩盤是我們全國揮霍無度、華爾街的貪婪以及龐大的外債所帶來的惡果。

想我流浪途中的同伴們。

但是，從比較人性的角度來看，黑色星期一對我在流浪中所結識的那些證券經紀、交易員與投資人，究竟產生什麼影響？他們怎麼度過暴跌五百零八點的那一天？

琳達・蓋瑞特坐在培基辦公室裡，打電話安撫緊張的客戶。證券營業員也很緊張，我就是從蓋瑞特小姐那裡聽到這則消息：一位名叫亞瑟・肯恩的憤怒投資人，在那個不幸的日子虧損了好幾百萬元，為了表達不滿，他用先前買來的左輪手槍，射殺當地美林證券的分行經理，射傷他的營業員，然後舉槍自盡。事情發生在邁阿密。不過後來證實，肯恩其實不是他的本名，他之前因為在北部犯下詐欺，而來這裡用假身分活動。至於他的投資資本究竟從何而來，就無從得知了。

之前很好心帶我逛芝加哥的林德沃達克發言人查克・艾普斯坦，後來投效紐約期貨交易所，當天他就是在交易廳觀看最新變化。「簡直瘋了似的，」他說，「所有單子一面倒。」（艾普斯坦先生的意思是，所有人同時間打賭市場還會繼續走跌。）「我從沒見過這種事。」

威廉・海斯，在紐約證交所請我吃午餐的分析師，當天前往他專門負責分析的企業。面對崩盤，他的態度平靜：「五百零八點確實是我始料未及的。我們創造的全球即時網路，得負起很大的責任。要記得，那天也有許多買家進場。」

傑夫・札瑞特，在芝加哥商品交易所勉強維生的年輕交易員之一，後來登上高樓，與一家大型銀行的交易部門搭上線。「全球市場潛力無窮。」他曾經這麼說。大災難當天，他回到他樂得擺脫的老巢穴——標準普爾交易場，他說，「我看見憔悴的臉孔。的確，許多傢伙興高采烈，但是話說回來，更多人拉長了臉。大體而言，人們看起來不知所措。」

紐約大亨唐納・川普則向全世界宣布，他早在幾個月前就已完全退出股市——甚至遠在我投資他那些陰謀詭計的時刻。其他企業禿鷹——包括布恩·皮肯斯（Boone Pickens）和詹姆士·高德斯密爵士（Sir James Goldsmith）——主動透露，他們也早已跳出股市，全身而退。被散戶視為偶像，刺激人們一古腦兒投進貪婪熱潮的許多有名的億萬富翁，顯然也已結束他們的部位——帶走所有財富，空留我們其餘人等受到貪婪的懲罰。

《謹慎投機客》的親切編輯艾爾·法蘭克，後來開始減肥，體重直線下降，正好跟他的投資組合的規模成正比。在他每週一次的富士新聞網（FNN）採訪時間，他看起來前所未有的消瘦與憂鬱，不過仍保有他的幽默感。他從市場學到了什麼教訓？主播問道。「我學到被追繳保證金的滋味。」他說。

小羅伯·布雷希特——服膺艾略特波浪理論的理論家，堅持採用毫無邏輯可言卻顯然有效的波浪預測模式——勸告客戶在高點退出市場。看來，技術面派和線圖派對於這次崩盤，看得比基本面派清楚。

馬丁·齊維格——備受尊敬的市場研究者，同時也是風行一時的《贏在華爾街》（*Winning on Wall Street*）一書的作者，也及時賣出股票變現。

至於我的朋友歐頓，我試著打電話到風險套利公司找他，可是他一直沒回電話。我得到消息，他的公司在一星期內虧損了四千四百萬美元，我猜他大概沒心情聊天。

期貨交易員丹尼爾·葛雷素——我曾跟他共度一個愉快的夜晚，試圖搞清楚他究竟贏錢還是輸錢。他後來跟妻子克勞蒂亞搬到香港，替《華爾街日報》分社工作。我知道香港交易所全面休市，數百萬元未償付的期貨合約金額岌岌可危，我擔心葛雷素先生會出事，不過他的妻子告訴我，他接受了一家英國投資管理公司的工作。至於他自己的投資結果，「他還活著。」是她唯一的評語。

波士頓百駿財務管理公司的電腦，顯然打敗大多數付錢養好幾百名分析師的競爭對手。狄恩．拉拜倫告訴我，電腦年度績效超越標準普爾指數「一、兩個百分點」，甚至遇到市場崩盤，百駿的財務損失也比市場整體輕微幾個百分點。雖然不多，卻意義深長。

市場重挫五百零八點，唯一一群真正的贏家就是做空的投資人。「拋售吧先生」吉姆．查諾斯承認，這一整年來以及大半的樂觀行情時，「日子快過不下去。」不過現在哀鴻遍野，風水輪流轉，換他得意了。「我不想算出數字給你聽，」他說，「不過我做得還不錯啦。說實話，我到現在還是賠錢的，但我認為牛市已經壽終正寢。」

要是——想像一下——你在經濟學家亨利．考夫曼最近大開金口時，出清所有持股就好了。十月九日，崩盤的前幾天，考夫曼先生登上頭版新聞，斬釘截鐵提出樂觀預測。長期觀察考夫曼先生的老手應該知道，這無疑是厄運迫在眉睫的徵兆：

由首席經濟學家亨利．考夫曼帶領的所羅門兄弟資產配置委員會發表樂觀聲明，該會於週四預測，繼近期的修正之後，全球多頭市場將持續邁入一九八八年。展望未來，考夫曼認為隨著經濟加速成長，利率與通膨率將雙雙上揚。超越預期的企業盈餘，將克服利率上升造成的牽制。

德崇證券在十月十九日崩盤當天早上發表的快報，把最近的下跌趨勢斥為「對於表現不佳的貿易數據反應過度」，斷言「經濟基礎良好……利潤加速成長的時代才剛剛開始」。這是指向前方必將出現大麻煩的另一個訊號。

要是有人費心閱讀我的老朋友——市場占星師阿爾區．克勞福——最新的快訊就好了；我老是把他的預測置之不理。黑色星期一過後不久，狄克．戴維斯的財經專欄出現一篇標題〈若干市場分析師預見崩盤降臨〉的文章：

阿爾區．克勞福從紐約發行的《克勞福觀點》，結合了技術分析、基本分析與占星元素，提出不可思議的市場預測。他在八月初說道：「我們的長期賣出訊號堅定不移，請在八月二十四日前出清所有持股，我們預計之後將出現可怕的崩盤。」八月二十四日，道瓊登上了兩千七百二十二點高點。克勞福仍維持悲觀看法……。

太遲了，但我決定聽從克勞福的建議，老婆跟我都發誓，再也不涉足股市。也許，這決心會維持到下一次多頭市場炒過頭的時候，到時，我們再找另一位大有可為的新營業員吧。

散戶（Average Investor）：天生輸家。

多頭市場（Bull Market）：市場走勢上揚；鄰居手上的股票翻騰上漲。

空頭市場（Bear Market）：市場走勢下滑；你在股市賺來的獲利被一洗而空。

回檔修正（Correction）：背離上漲走勢的短暫下挫；投資人遭遇空頭市場時一廂情願的想法。

儲蓄（Savings）：投資前所擁有的錢。

成功投資人（Successful Investor）：扯謊的人。

投資組合經理人（Portfolio Manager）：替共同基金、退休基金操盤的投資專家；表現落後大盤，卻仍領取高薪的人。

內線消息（Inside Information）：你希望偷聽到的消息；實際上除了你之外，已經人盡皆知的消息。

企業分析師（Corporate Analyst）：研究企業前景、預測未來盈餘的人；站在銀行立場向股東喊話的專家；站在大股東立場向小股東喊話的專家；向企業說明企業早就知道的事情的專家。

購併（Mergers and Acquisitions）：一家企業與另一家企業結合的方式；把很多家賺錢的企業，融合成一家賠錢公司的方法，這種方法已經被證實是有效的。

重整（Restructuring）：企業內部的調整，用來提高股東權益，隱瞞重大錯誤。

撤資（Divestiture）：企業出售子公司；擺脫先前購併來的蠢公司。

槓桿（Leverage）：以較少資金，支配大筆投資；下你輸不起的賭注。

融資（Margin）：向券商借錢買股票或債券；就像去借錢來買布魯克林大橋。

長線散戶（Long-Term Average Investor）：有耐心的傻瓜；應該早一點脫手的人。

短線散戶（Short-Term Average Investor）：沒耐心的傻瓜；應該堅持下去的人。

放空（Selling Short）：賣出借來的股票或商品，指望日後用較低價格補進；賣出不屬於你的東西——也就是現實世界中的犯罪。

證券營業員（Stockbroker）：股票、債券、共同基金等等商品的推銷員；絕對輪不到他破產的人。

期貨合約（Futures Contract）：日後以今日議定價格買進某件商品的合約；一份合同，一方把不屬於他的大宗商品，賣給期望永遠不必收到貨的另一方，最後將由其中一方贏走所有的錢。

保守投資（Conservative Investment）：龜毛的賭博。

反向操作策略（Contrarian Strategy）：投資於目前不被看好的標的物，期望日後獲取暴利；逆勢操作，想要與眾不同，沒想到在此同時，所有人都決定跟你做同樣的事。

財務保障（Financial Security）：保險公司、券商、資產管理經理人以及證券業的其他人所享受的一種永久保護。

資產管理經理人（Money Manager）：替你管理財務的專家；你付他一大筆費用，以便替你管理較少錢的人。

保守型資產管理經理人（Conservative Money Manager）：收費最高的資產管理經理人。

帳面利潤（Paper Profit）：未實現的獲利；你偶爾賺得的那種利潤，不過在它消失以前，你已花了好幾倍的開銷。

熱門股（Hot Stock）：人們爭先買進的股票；你的券商打算賣出的股票。

貨幣供給M-1（Money Supply M-1）：盛行的貨幣流量計算方法；聯儲會編造的數字，可以不予理會。

通貨膨脹時期（Inflationary Period）：貨物價值高於貨幣價值的時期，而你擁有較多貨幣。

通貨緊縮時期（Deflationary Period）：貨物價值低於貨幣價值的時期，而你擁有較多貨物。

預測員（Forecaster）：能預測經濟、利率等市場要素走向的專家；一種靠「猜」賺錢的人。

資訊充分的投資決策（Fully-informed Investment Decision）：亂猜。

損益兩平（Breaking Even）：向家人、朋友、鄰居掩飾虧損事實的一種說法。

買權（Call Option）：日後以今日議定價格購入股票的權利（買方期望股價上漲）；日後以遠高於市價的價格買進股票的機會。

賣權（Put Option）：日後以今日議定價格售出股票的權利（買方期望股價下跌）；日後以遠低於市價的價格賣出股票的機會。

多頭價差（Bull Spread）、**空頭價差**（Bear Spread）、**跨式部位**（Straddle）等等：買進不同組合的賣權與買權，或者選擇權與期貨，藉此降低風險，或增加獲利潛力；賠了夫人又折兵的幾種方法。

避險人（Hedger）：運用期貨與選擇權降低事業風險的人；不明人士、虛構人物。

套利者（Arbitrageur）：同時間以不同價格買進賣出同一商品，因而獲取零風險利潤的人；口袋裡最後收了你所有錢的人。

風險套利（Risk Arbitrage）：投資於眾所周知的企業兼併行動，承擔最低風險，攫取最高獲利；一種依據最新的市場謠言冒險一搏的方法。

技術分析師（Technical Analyst）：認為市場行為本身，可做為預測市場未來走向之基礎的人；妄想者。

線圖分析派（Chartist）：以閱讀圖表為主的技術面派分支；線圖觀察員、唯我主義者、圖騰崇拜者。

基本面派（Fundamentalist）：認為股價未來走勢取決於盈餘、企業狀況等等因素的人士；妄想者。

不理性市場（Irrational Market）：市場行為表現有別於你的預期；每一個市場。

國家圖書館出版品預行編目（CIP）資料

散戶流浪記：一個門外漢的理財學習之旅 / John Rothchild 著；黃佳瑜譯. -- 二版. -- 臺北市：早安財經文化，2018.09
面；公分
譯自：A fool and his money : the odyssey of an average investor
ISBN 978-986-6613-99-9(平裝)

1. 理財　2. 投資

563　　　107012408

酷理財 37

散戶流浪記

一個門外漢的理財學習之旅

A Fool and His Money

The Odyssey of an Average Investor

作　　者：約翰・羅斯柴爾德 John Rothchild
譯　　者：黃佳瑜
校　　對：呂佳真
封面設計：Bert.design
責任編輯：沈博思、劉詢
行銷企畫：楊佩珍、游荏涵

發 行 人：沈雲驄
發行人特助：戴志靜、黃靜怡
出版發行：早安財經文化有限公司
台北市郵政 30-178 號信箱
電話：(02) 2368-6840　傳真：(02) 2368-7115
早安財經網站：www.goodmorningnet.com
早安財經粉絲專頁：http://www.facebook.com/gmpress

郵撥帳號：19708033　戶名：早安財經文化有限公司
讀者服務專線：(02)2368-6840　服務時間：週一至週五 10:00~18:00
24 小時傳真服務：(02)2368-7115
讀者服務信箱：service@morningnet.com.tw

總 經 銷：大和書報圖書股份有限公司
電話：(02)8990-2588
製版印刷：中原造像股份有限公司
二版 1 刷：2018 年 9 月
二版 6 刷：2024 年 7 月

定　　價：350 元
I S B N：978-986-6613-999（平裝）